나쁜 기억을
지워드립니다

기시미 이치로의
방구석 1열 인생 상담

기시미 이치로 지음 | 이환미 옮김

나쁜
기억을
지워
드립니다

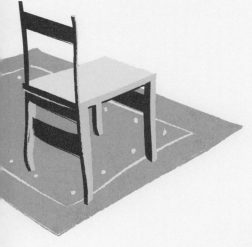

부·키

지은이 기시미 이치로 岸見一郎

1956년 교토 출생으로 교토대학교 대학원 문학연구과 박사과정을 만기퇴학 滿期退學했다. 서양 고대철학을 전공했고, 특히 플라톤 철학을 공부하면서 아들러 심리학을 연구했다. 일본 아들러 심리학회가 인정한 카운슬러이자 같은 심리학회 고문이다. 대표 저서로는 베스트셀러인 《미움받을 용기》를 비롯해 《마흔에게》 《아들러 심리학을 읽는 밤》 《엄마가 믿는 만큼 크는 아이》 《늙어갈 용기》 등이 있다.

옮긴이 이환미

한국예술종합학교 영상원 영상이론과와 도쿄예술대학교 대학원 영상연구과에서 프로듀싱을 공부했다. 한국과 일본을 오가며 영화 촬영 현장과 영화제 등에서 기획 및 통번역 활동을 하고 있고, 영화 비평지 《FILO》 등을 번역하고 있다. 현재 교토에서 거주 중이며, 《미움받을 용기》를 읽고 감명을 받은 후 기시미 이치로와의 인연을 이어 오다 영화 전공자라는 점을 살려 이 책을 기획 및 번역했다.

나쁜 기억을 지워드립니다

2020년 2월 24일 초판 1쇄 발행 | 2020년 3월 23일 초판 2쇄 발행

지은이	기시미 이치로
옮긴이	이환미
펴낸곳	부키(주)
펴낸이	박윤우
등록일	2012년 9월 27일
등록번호	제312-2012-000045호
주소	03785 서울 서대문구 신촌로3길 15 산성빌딩 6층
전화	02)325-0846
팩스	02)3141-4066
홈페이지	www.bookie.co.kr
이메일	webmaster@bookie.co.kr
제작대행	올인피앤비 bobys1@nate.com

ISBN 978-89-6051-774-5 03100

이 도서의 국립중앙도서관 출판예정도서목록(CIP)은 서지정보유통지원시스템 홈페이지(http://seoji.nl.go.kr)와 국가자료공동목록시스템(http://www.nl.go.kr/kolisnet)에서 이용하실 수 있습니다.(CIP제어번호: CIP2020002263)

차례

'삶'이란 고통 앞에 선 그대에게

불교에는 '생로병사生老病死'라는 말이 있습니다. 사람은 그 누구도 늙고 병들어 죽어 가는 고통을 피할 수는 없지만, 저는 산다는 게 원래 괴로운 것이라고, 그것이 인생의 진리에 가까운 것이라고 생각합니다.

그렇다고 사는 게 원래 힘들다는 말을 건넨들 고민을 상담하러 온 이에게는 아무런 도움도 되지 않습니다. 중요한 것은 고통을 확인하는 것이 아니라 이토록 고된 삶을 '어떻게 살 것인가'를 밝히는 것입니다.

이 책은 철학자와 열아홉 편의 한국 영화 주인공들이 나눈 대화를 엮은 것입니다. 여기서 다루고 있는 인생의 문제는 다방면에 걸쳐 있습니다. 그러나 철학자가 대화를 풀어 나갈 때의 방식은 명확합니다.

먼저 철학자는 고통을 외면하는 법을 가르치지 않습니다. "그건 당신 탓이 아니에요" 같은 말을 건네지 않으며, 또한 '왜 이렇게 되었는가' 하고 과거에 초점을 맞추지도 않습니다. 가령 지금 직면한 문제의 원인이 과거에 있다고 해도 과거로 되돌아갈 수 없는 이상 그 원인을 과거에서 찾아봐야 아무 소용이 없습니다.

과거의 경험에 얽매이지 않고 오히려 미래에 초점을 맞춰 앞으로 무엇을 해야 할지 고민해 봐야 합니다. 그렇다고는 해도, 과거에 했던 경험을 아예 없던 일로 치부할 수는 없습니다. 이 책의 제목처럼 '나쁜 기억을 지운다'라는 것은 사실 과거를 지운다는 의미가 아니라는 것에 주의할 필요가 있습니다.

과거는 지나갔으며, 그런 뜻에서 과거는 이미 없습니다. 있었던 것이 없었던 것으로 되지는 않습니다. 그러나 과거가 객관적인 사실로서 존재하는 것은 아닙니다. 과거를 떠올리는 '지금', 과거에 경험했던 일을 어떻게 받아들이느냐에 따라 그에 대한 의미 부여를 바꾼다면 과거는 바뀌는 것입니다.

철학자는 대화 속에서 선악무기善惡無記라는 말을 언급합니다. 이는 그 자체로는 선도 악도 아니라는 뜻입니다. 이때 선악에는 도덕적 의미가 없으며, 선은 '득이 된다' 악은 '득이 되지 않는다'는 의미가 됩니다. 과거의 사건을 바로 '악'이라고 단정할 수는 없습니다. 그것이 '선'이었음을 헤아린다면, 과거의 기억은 더 이상 나쁜 것이 아니게 됩니다.

이처럼 과거의 재해석으로도 가능하지만, '지금'의 나 자신이 바뀌는 것으로도 과거의 기억이 나쁜 것이 아니게 될 수 있습니다. 현재의 내가 타자를 '틈만 나면 나를 곤란케 하려는 무서운 존재'라고 여긴다면, 그 같은 생각을 뒷받침해 줄 기억이 되살아날 것입니다. 반면, 현재의 내가 타자를 필요로 하며 남을 '자신을 도와주는 동료, 아군, 친구'라고 여기면 과거의 기억 속에서 타자가 자신에게 힘이 돼 줬던 순간의 기억들이 되살아날 것입니다.

이를테면 어떤 남성이 어릴 적 개에게 물린 기억을 떠올렸습니다. 이는 그에게 나쁜 기억으로 남아 있었지만, 그의 세계관이 바뀌면서 주위에 있는 사람들이 자신의 적이 아닌 내 편이라는 생각으로 바뀌게 되자 그동안 잊고 지냈던 개에게 물리고 나서 벌어진 일이 떠올랐습니다. 바로 그 현장을 지나던 낯선 아저씨가 자신을 자전거에 태우고 병원까지 데려다주었던 일을 말이지요. 이로써 그의 과거가, 그러니까 나쁜 기억이 지워졌다고 해도 과언이 아닐 것입니다.

한편, 적절한 대응을 했더라면 막을 수도 있었을 일에 대한 고민이 아닌, 불가항력적인 사건과 조우한 이와의 만남에서 철학자가 대화를 진행하는 방식이 있습니다. "왜 저와 제 가족들에게 이런 일이 생긴 겁니까?"라고 물어본들 어쩔 수 없는 일이란 게 있습니다. 왜 이런 병에 걸렸는지, 왜 이런 재해나 사고를 당했는지 하는 식의 질문 말입니다.

이러한 고민에 대해서는 부조리한 현실을 받아들이는 것부터 시작할 수밖에 없습니다. 허나, 어쩔 수 없는 일이라고 체념하고 절망할 것이 아니라 결국 불행을 극복해 나갈 용기를 품게 되기를 바라는 마음으로 철학자는 내담자와 대화를 이어 갑니다.

셋째, 철학자는 가능한 한 구체적으로 조언합니다. 앞서 말했듯이 산다는 것은 고통스러운 일이라는 걸 인정한다 해도 어떻게 되지는 않습니다. 철학자는 "힘들었죠?"라는 말을 꺼내지 않습니다. 대신 "이렇게 해 보면 어떨까요"라고 조언합니다. 철학자의 조언은 아마도 내담자가 지금까지 살면서 한 번도 실천해 본 적 없는 방법일 것입니다. 허나, 이를 실천하다 보면 지금 처한 곤경에서 벗어날 수 있을지도 모른다는 희망을 품게 하고 대화를 끝내고 싶었습니다. 철학자가 조언할 필요도 없이 내담자 스스로 불현듯 깨닫고 돌아가는 대화편도 있습니다.

마지막으로 철학자는 자흐리히(sachlich, 즉물적, 선입견이나 주관의 개입 없이 사물 자체를 직접 파악한다는 뜻-옮긴이)적으로 살 것을 권합니다. 과거와 미래를 따로 떼어 놓고 살아가는 것입니다. 문제가 당장 해결되지는 않더라도 과거를 회상하며 후회하지 않고, 미래를 떠올리며 불안해하지 말며 그저 오늘 할 수 있는 일을 해 나갈 수밖에 없습니다.

이것들이 철학자가 인생의 여러 문제를 놓고 대화를 나눌 때 염두에 둔 것입니다. 이 모두를 매번 논하는 것은 아니지만 독자 여러분이 철학자와 영화 속 인물들의 대화에 자기 자신을 대입해 가며 읽고 난 뒤 조금이나마 삶이 바뀌었다고 여긴다면 저로서는 더할 나위 없이 기쁠 것입니다.

우리도 사랑일까

─연인과 부부에 대하여

너를
잊지 못하는
이유

상대에게 "나 사랑하니?"라고 끊임없이 묻는 사람이 있다. 이는 '내가 상대에게 사랑받고 있는가, 아닌가'라는 생각만으로 가득 차 있기 때문이다. 그래서 휘둘리고 있다는 생각이 드는 것이다. 하지만 자신의 마음이 분명하다면 그렇게 휘둘리는 일은 없을 것이다.

봄날은 간다 상우의 이야기

인생에서 외로움과 고독을 온전히 떨칠 수 없다는 걸 알면서도 우리는 누군가와의 사랑을 갈망한다. 행복하고 설레는 로맨스나 슬픈 사랑의 연가로 수놓아진 영화를 감상하며 때로는 공감과 위안을 얻기도 한다. 이별을 노래하는 숱한 가사처럼 마음 졸이며 희망과 기대를 품었다가도 실패로 끝나고 마는 사랑이란 이름의 다양한 상처들.

여기, 사랑에 서툰 남자 '상우'와 사랑을 버거워하는 여자 '은수'의 만남과 헤어짐을 섬세하게 그려 낸 영화 〈봄날은 간다〉(허진호, 2001)를 소환한다. 저 스크린 너머에서 펼쳐지는 상우와 은수의 경험은 우리의 사랑과 이별에 대한 자세와 포개어지는 지점이 있으리라.

그들의 이야기가 바로 나 자신 그리고 우리의 고민이라는 믿음으로 살뜰히 귀를 기울이는 철학자 기시미 이치로와 상우 그리고 은수와의 대화가 눈앞에 펼쳐진다. 그들의 심도 깊은 대화를 통해 '사랑의 문제'에 대해 다시 한 번 되짚어 보기를 청한다.

은수	우리 헤어지자.
상우	내가 잘할게.
은수	헤어져.
상우	너 나 사랑하니? 어떻게 사랑이 변하니?

상우 여자 친구에게 이별을 통보받았습니다.

철학자 아아, 사랑하는 나의 님은 갔습니다.

상우 네? 아, 한용운의 시군요.

철학자 맞아요. 상우 씨 이야기를 들으니 문득 떠올랐어요.

상우 제가 뭘 잘못한 걸까요?

철학자 상우 씨가 아무것도 모른다는 게 가장 큰 문제 아닐까
    요? 상우 씨는 그분과 어떻게 하고 싶었나요?

상우 결혼하고 싶었어요. 그 사람도 아마 같은 생각이었을 거
    예요.

철학자 그럼 서로 결혼을 약속했던 건가요?

상우 아뇨. 결혼하자는 이야기를 직접 했던 적은 한 번도 없

어요.

철학자 근데 왜 그렇게 생각한 거죠?

상우 언젠가 그 사람이 부부가 나란히 묻힌 무덤을 보고 제
게 "우리도 죽으면 저렇게 같이 묻힐까?" 하고 물은 적
이 있었어요. 그 말을 듣고는 이 사람도 저와 결혼을 생
각하고 있다는 생각이 들어서 아버지께 그 사람 이야기
를 꺼냈거든요.

철학자 아버님은 뭐라고 하시던가요?

상우 사귀는 사람 있으면 집으로 한번 데려오라고 하셨어요.

철학자 여자 친구분에게 그 이야기를 했나요?

상우 네. 언젠가 그 사람에게 저희 아버지가 담근 김치를 가
져다준 적이 있어요. 한번 먹어 보고 맛있다고 하기에
"김치 담글 줄 알아?" 하고 물어봤거든요.

철학자 그랬더니요?

상우   "그럼"이라고 했습니다. 그래서 전 '이 사람도 나와 결혼할 생각이 있구나' 하고 확신했어요.

철학자   대단한 자신감인데요.

상우   그런데 말이죠.

철학자   그런데?

상우   "아버지가 사귀는 사람 있으면 데려오래"라고 했더니 그 사람이 제게 "나 김치 못 담가"라고 말하는 거예요. 그래서 "내가 담가 줄게"라고 했더니 아무 말도 안 하더라고요.

철학자   굳이 말할 필요도 없는 이야기지만, 결혼은 혼자 할 수 없습니다. 상대와 합의가 필요한 일이죠.

상우   그럼 저희가 서로 합의하지 않았다는 말씀인가요?

철학자   상우 씨가 그분께 결혼하자고 직접 이야기한 적은 없죠? 그분도 결혼하자고 말한 적이 없고요. 상대에게 말하지 않는 이상 서로 생각이 같을 수는 없어요. 그분은 그저 "나 김치 못 담가"라고 말했을 뿐 상우 씨에게 '결혼하고 싶다' 혹은 '하고 싶지 않다'고 말한 건 아니잖아요?

상우 하지만 제가 김치 담글 줄 아냐고 물었을 때 그 사람이 제게 "그럼"이라고 대답했다는 건, 분명 저와 결혼하고 싶은 마음이 있었기 때문이 아닐까요?

철학자 두 사람이 서로의 마음을 넘겨짚고 있었던 것 같아 답답하네요. 제가 보기에 한 사람은 결혼을 하고 싶었는데 상대방은 결혼을 망설였던 게 문제였던 것 같아요. 두 사람의 인생 목표가 일치하지 않았던 거죠. 아무리 상대를 사랑하더라도 서로 생각하는 미래가 다르다면 관계를 지속하는 데 있어 어려움을 겪을 수밖에 없습니다.

상우 선생님은 늘 '지금, 여기'가 중요하다고 강조하지 않으셨나요?

철학자 네. 그랬죠.

상우 그건 미래를 생각하지 않아도 된다는 말씀인가요?

나쁜 기억을 지워드립니다

철학자　물론 상우 씨는 미래를 생각하고 있었을 거예요. 상우 씨 말대로 결혼할 것인지 말 것인지는 앞으로의 일이에요. 하지만 지금 두 사람의 관계는 제쳐 두고 미래를 일방적으로 생각하는 건 이상한 거죠. 결혼을 약속한 사이라도 자주 싸움을 반복하다 보면 결혼할 수 없게 됩니다. 결혼이라는 목표를 정했더라도 중요한 건 역시 '지금, 여기'인 거죠.

두 사람이 서로 다른 곳을 향하고 있다면, 그걸 계기로 결국 관계가 멀어지는 일이 벌어질 수 있어요. 게다가 어느 한 사람이 결혼이라는 것에 대해 상대도 동의하고 있을 거라 믿고 일방적으로 결정해 버리면 관계가 파국으로 치달을 수도 있지요. 결국 상대방에게 "나는 그런 뜻으로 말한 게 아니었어"라는 얘기를 듣게 되는 거죠.

상우　서로의 목표가 다르거나 변할 수 있다는 건가요?

철학자　당연하죠. 처음에는 함께 있는 것 이상을 요구해서는 안 돼요. 함께 있는 것만으로도 좋다고 생각하다가 어느새 결혼하고 싶어질 수도 있는 거죠.

상우　시간이 흐르고 서로 관계가 깊어지면, 지금 함께 있는 것뿐 아니라 미래의 일까지 생각하게 된다는 뜻인가요?

철학자　꼭 두 사람의 관계가 깊어져야 결혼을 약속하게 되는 건 아닙니다. 함께 있는 것만으로 만족할 수 없을 때, 혹은 멀어져 가는 두 사람의 마음을 붙잡아 두려고 할 때 두 사람의 앞날에 대해 생각하는 거죠. 지금 함께 있는 것만으로 충분하다면 미래 따윈 생각하지 않을 겁니다.

상우　그 사람 집에 처음 갔을 때 "혼자 산 지 오래됐어요?"라고 물어본 적이 있었어요. 그랬더니 그 사람이 "재밌는 이야기 좀 해 봐요"라고 갑자기 화제를 돌리더라고요.

철학자　물어봐서는 안 되는 것을 물었기 때문이에요. 그게 바로 상우 씨가 깨닫지 못하는 '잘못한 일'인 거죠.

상우　무슨 뜻이죠?

철학자　두 사람이 굳이 과거 이야기를 나눌 필요가 있었을까요? 그 사람이 지금까지 있었던 일을 스스로 꺼낸다면 별문제가 되진 않겠지만요.

상우　전 과거를 물었던 게 아닙니다. 지금 혼자 살고 있는지 알고 싶었을 뿐이에요.

철학자　그렇다면 "혼자 사세요?"라고 물어야 하지 않았을까요? "혼자 산 지 오래됐어요?"란 말은 상대의 과거를 묻는 질문이에요. 상우 씨는 그분이 과거에 어떤 사람과 사귀었는지, 전남편은 어떤 사람이었는지, 그런 이야기를 듣고 싶었나요?

상우　전 듣고 싶었어요. 좋아하는 사람의 일이라면 뭐든지 알고 싶어 하는 게 당연하지 않나요? 그러고 보니 제가 일이 있어서 어디 좀 갔다 오겠다고 했을 때, 그 사람도 "내가 모르는 일도 있어?"라며 언짢은 기색을 보인 적이 있었어요.

철학자　전 그렇게 생각하지 않아요. 애초에 상대의 일을 뭐든지 다 알 수는 없습니다. 과거의 일을 알면 뭘 어떻게 할 건가요? 과거에 어떻게 살았는지에 따라 상대를 평가하고 사귀는 걸 그만두기라도 하려고요?

상우　글쎄요……. 그리고 이렇게 물은 적도 있어요. 밤새 일한 그 사람한테 "식구들이 걱정 안 해요?"라고요. 이게 지금 말씀하신 그런 상황인 거죠?

철학자　그분은 뭐라고 대답했나요?

상우　“걱정해 주는 사람 있었으면 좋겠다”라고요. 대답을 듣고 전 “결혼해요. 그럼”이라고 했는데, 이것도 잘못한 걸까요?

철학자　결혼하고 말고는 그 사람 입장에서 보면 상우 씨와 아무 상관없는 일이에요. 그건 본인 스스로 결정해야 할 일인 거죠. 자신은 아무 생각이 없는데 남한테서 “결혼해요”란 말을 들으면 ‘왜 그런 말을 당신한테 들어야 하지’ 싶을 거예요.

상우　사실 그 사람이 “라면 먹을래요?”라고 제안하며 절 집으로 끌어들였을 때, 조금 놀랐어요.

철학자　왜죠?

상우　보통은 남자가 유혹하잖아요.

철학자　‘보통은’이라고 규정하지 않는 게 좋아요. 두 사람 관계를 일반적인 관계에 적용시킬 필요는 없어요.

상우　“자고 갈래요?”라고도 하더라고요. 물론 저야 거절할 이유는 없었죠. 그런데…….

철학자   그런데?

상우   "좀 더 친해지고 나면 해요"라며 그 사람이 잠자리를 거부했어요. 자기가 유혹해 놓고는 말이죠. 나중에 헤어지자는 말도 그 사람이 먼저 꺼내더라고요. "우리 한 달만 떨어져 있어 보자"라고. 헤어지자는 말이냐고 했더니 "그럴 수 있어?"라고 재차 묻기에 "모르겠어"라고 대답했죠.

철학자   그 대답은 사실은 "알고 싶지 않아"라는 뜻 아닌가요? 집으로 먼저 들어오라고 했을 때도 그렇고, 헤어지자는 말을 꺼냈을 때도 그렇고, 상우 씨는 상대가 먼저 그런 이야기를 꺼낸 걸 납득하지 못했거나 아니면…….

상우   아니면?

철학자   싫어했던 거 아닌가요?

상우   그 사람한테 제가 휘둘리고 있다는 느낌이 들었어요. 사랑받고 있는지 모르겠더라고요. "너 나 사랑하니?"라고 물었지만 그 사람은 아무 대답도 해 주지 않았죠.

철학자   상우 씨가 '그분을 사랑하는지'가 문제지, 그분이 상우 씨를 사랑하는지, 즉 상우 씨가 그분한테 사랑받고 있는지는 전혀 문제가 되지 않습니다. 그런데 상우 씨는 그분한테 "나 사랑하니?"라고 물어봤어요. '내가 상대에게 사랑받고 있는가, 아닌가'란 생각만으로 가득 차 있었기 때문이죠. 그래서 그분한테 휘둘리고 있다는 생각이 들었을 테고요. 하지만 자신의 마음이 분명했다면 그렇게 휘둘리는 일은 없었을 겁니다.

상우   누구라도 사랑받고 싶어 하는 건 당연하잖아요. 저도 사랑받기만 원했던 건 아닙니다. "잘할게"라고도 했고, "김치도 담가 줄게"라고도 했어요. 그런데도 그 사람 마음은 멀어져 갔어요.

철학자   잘하겠다고 한 것도, 김치를 담가 주겠다고 한 것도 결국 사랑받기 위해 건넨 말이었던 거죠.

상우   그런가요……. 하지만 왜 그 사람 마음이 변한 걸까요? 우리는 행복의 절정에 있었는데 말이에요.

철학자   사랑에 '왜'라는 건 없습니다. 사랑은 변하는 거예요. 변하지 않는 사랑은 없습니다. 두 사람이 사랑하는 사이가 된다고 해도, 그 사랑이 늘 변하지 않는 건 아니에요. 상우 씨는 자신의 마음이 변함없다고 생각할지 모르지만, 실제로 그분에 대한 상우 씨 마음이 변해 버린 건 아닐까요?

상우 제가 어떻게 해야 했을까요?

철학자 그건 이미 말했어요. 앞일을 생각하지 않는다, 언젠가 헤어질 수도 있겠지만 이별의 순간이 올 때까지 잘 지내자, 이렇게 결심하고 살아갈 수밖에 없습니다.

상우 그럼 이제부턴 어떻게 하면 좋을까요?

철학자 좋은 질문이네요. 더 이상 과거의 일에 연연해서는 안 됩니다.

상우 할아버지를 언제까지나 잊지 못하시던 우리 할머니 일이 떠오르네요. 전 할머니께 "할아버지는 돌아가셨어요. 이제 여기 없어요. 정신 좀 차리세요"라고 소리쳤죠.

철학자 그건 상우 씨가 자기 자신에게 들려주고 싶었던 말이었을 거예요. 그분과 헤어진 현실을 받아들이라고, 스스로를 타이른 거죠.

상우   언젠가 할머니는 이런 말씀도 하셨죠. "버스하고 여자
는 떠나면 잡는 게 아니란다"라고요.

철학자   저도 그렇게 생각해요. 하지만.

상우   하지만?

철학자   할아버지와 달리 그분은 역에서 상우 씨를 기다리고 있
을지도 몰라요. 기다리고 있지 않을 수도 있고요.

상우   그 사람이 보고 싶어요……

(다음 장에서 은수의 이야기로 이어집니다.)

나쁜 기억을 지워드립니다

어떻게든
사랑은
변한다

철학자의 말

사랑할 사람과의 만남이 성사된 후, 죽을 때까지 서로 사랑할 수 있다면 누구도 번민에 빠질 일은 없다. 그러나 한 번 사랑했던 사이더라도 그 사랑이 언제까지나 지속된다는 보장은 어디에도 없다. 만남이 성사되기만 하면 연애가 잘 이루어질 줄 알았던 사람조차 막상 누군가와 사귀기 시작하면 그 만남이 출발점에 불과하다는 것을 금방 깨닫는다.

봄날은 간다 은수의 이야기

사람과 사람의 만남은 운명이다. 우연이나 필연은 운명이라고 할 수 없다. 거리에서 스쳐 지나가는 타인에게 운명을 느끼는 일은 없다. 꼭 만나게 될 사람과 만났어도 운명을 느끼지 못할 수도 있다. 만나지 못했을지도 모를 사람과 만나 신비로움을 느꼈을 때, 그 만남은 해후邂逅가 되고 운명이 된다.

그러나 운명적 만남이 이뤄졌다 해도 그것만으로는 사랑을 완성해 낼 수 없다. 사람들은 '사랑한다'는 것은 쉬운 일이지만, 사랑할 만한 혹은 사랑받을 만한 '상대'를 발견하기는 어려운 일이라고 생각한다. 그러나 사실은 그렇지 않다.

은수   잘 지내지?

상우   응, 잘 지내.

은수   참 날씨 좋다. 오늘 같이 있을까?

상우   ......

은수   그래, 그럼. 괜찮아. 나, 갈게.

상우   데려다줄게.

은수   아냐, 됐어. 나 혼자 갈게.

은수   남자 친구와 헤어졌어요. 그렇게 좋아했는데, 이제 이 사람과는 더 이상 함께할 수 없겠다는 생각이 들었어요. 막 사귀기 시작할 즈음에는 제가 더 적극적인 편이었거든요. 처음 그를 집으로 데리고 들어온 것도 저였을 정도로 말이죠.

철학자   그때 그분 반응은 어땠던 것 같나요?

은수   그는 제가 적극적으로 나오는 게 의외라는 듯 곤혹스러운 표정을 지었던 것 같아요. 일을 하다가 만나서, 서로 알고 지낸 지 얼마 안 됐을 때였죠. 그도 저에 대해 잘 알지 못하고 저 역시 딱히 그에게 저에 관해서 이야기하지 않았을 때였는데 "결혼해요, 그럼"이라고 말하더라고요.

철학자   그 말을 듣고 무슨 생각이 들었어요?

은수   결혼할지 말지는 제가 결정할 문제인데, 그 사람한테 그런 말을 들으니 오지랖이 넓다고 해야 할까, 은근히 지배적인 성향이 있다고 해야 할까, 좀 강압적인 면이 있는 사람일 거란 생각이 들더라고요. 자기 딴에는 일이 많아 자주 밤새우는 저를 걱정해서 한 말이겠지만요. 그때는 분명 그 사람을 좋아했어요. 하지만 "혼자 산 지 오래됐어요?"라는 말을 들었을 때는 제가 화제를 바꾸게 되더라고요. 왠지 과거의 일을 캐내려는 듯한 인상을 받았거든요.

철학자　과거의 일을 말하고 싶지 않았나요?

은수　네. 실은 결혼한 적이 있어요. 그 사람한테 "결혼하면 되겠네요"란 말을 들었을 때 "해 봤어요. 한 번"이라고 답하고 넘겼을 뿐이지만요.

철학자　두 분이 서로에 대해 알아 갈 무렵에는 어땠나요?

은수　함께 있는 것만으로도 행복이 샘솟았다고 해야 할까요.

철학자　근데 그런 분과 더 이상 함께할 수 없다는 생각이 든 거로군요.

은수　네. 뭔가 특별히 큰일이 벌어졌던 건 아니에요. 다만.

나쁜 기억을 지워드립니다

철학자　다만?

은수　언젠가 그 사람 아버지가 담가 준 김치를 같이 먹으면서 이야기할 때였어요. "김치 담글 줄 알아?"라고 물어보기에 그렇다고 했죠. 그런데 "아버지가 사귀는 사람 있으면 데려오래"라는 말을 듣고 갑자기 마음이 식어 버렸어요. 전 결혼 이야기를 꺼내지도 않았는데, 그에게 결혼할 마음이 있다는 걸 알게 됐기 때문일 거예요. 그래서 "나 김치 못 담가"라고 했죠.

철학자　은수 씨는 그분과 결혼할 마음이 없었나요?

은수　한 번도 생각해 본 적 없다고 하면 거짓말이겠지만, 이전 결혼이 실패로 끝났기에 좀 신중해졌어요.

철학자　전 그 김치 이야기 때문에 두 분의 관계가 변한 건 아니라고 봐요.

은수　무슨 말씀이시죠?

철학자　'언젠가 둘 사이에 결혼이 화두로 떠오르면 그 이상 서로의 관계를 진전시키지 말자'라고 은수 씨가 이미 결심하고 있었던 것처럼 보입니다. 상대방이 결혼을 염두에 두고 있다는 사실을 알게 됐을 때, 전남편과의 관계와 똑같은 일이 반복되지 않을까 하는 생각이 든 게 아닐까요?

은수   그럴지도 모르죠. 그럼 제가 제 마음에 제동을 걸었단 뜻인가요?

철학자   그런 셈이죠.

은수   그 사람을 좋아하게 된 것도 제가 액셀을 밟았다는 의미가 되겠네요?

철학자   그렇죠.

은수   누군가를 좋아하거나 싫어하게 되는 것도 자신이 정한다는 말씀인가요? 싫어질 때에 한해선 자기 스스로 결정한다는 말씀이 이해가 가는데, 좋아하는 건 스스로 정할 수 있는 게 아니잖아요? 사랑에 빠지는 거잖아요?

철학자   나중에야 그건 운명적 만남이었다는 둥 그때 사랑에 빠졌다는 둥 여러 말을 하지만, 실제로는 함께 시간을 보내고 이야기 나누면서 마음을 터놓는 와중에 상대와 사귀겠다는 결심이 든 겁니다.

예를 들어 어떤 사람을 한창 좋아할 때는 자상해서 좋았는데, 그에 대한 마음이 바뀌자 갑자기 우유부단해 보이는 경우가 있잖아요. 애초에 사귀려고 결심했을 때는 상대의 그런 점을 높이 평가했는데도 말이죠. 하지만 헤어지자는 결심이 서면 그토록 좋았던 점이 단점으로 느껴지게 됩니다. 상대는 하나도 변함없는데 말이죠.

은수 제가 김치를 못 담근다고 하자 그 사람은 "내가 담가 줄게"라고 하더라고요. 헤어지자는 말을 꺼냈을 때도 "내가 잘할게"라고 했죠.

철학자 그 말을 듣고 어땠나요?

은수 좀 더 분명하게 뭘 어떻게 하고 싶은 건지 말해 줬으면 좋겠다는 생각이 들었어요. "결혼해 줘"라든가, "헤어지고 싶지 않아"라든가.

철학자 왜 확실하게 말해 주지 않았는지 아세요? 뭔가를 분명히 말하거나 정하는 일에는 책임이 뒤따르기 때문입니다. 그분은 은수 씨가 정해 주기를 바란 거죠.

은수　헤어지자고 먼저 말한 사람은 저예요. 그가 말한 게 아니고요. 그 사람이 결혼을 생각하고 있다는 걸 알게 된 뒤 전 의식적으로 그를 밀어내게 됐습니다. 그랬더니 그 사람은 전보다 더 자상해졌어요.

그런데 헤어지자는 말을 하고 난 뒤에는 저에게 스토커 같은 짓을 하기 시작하더군요. 도대체 왜 그렇게 태도가 달라진 걸까요?

철학자　분명 은수 씨가 정한 거지만, 그분으로서는 은수 씨의 결정이 본인이 바라던 바와 같지 않으면 안 되었던 겁니다. 은수 씨가 그분을 집에 들였을 때도 어쩌면 당황했을지 모르지만, 그분으로서는 마다할 이유가 없었을 거예요. 오히려 기뻐했을 거예요.

그때도 그분이 먼저 집에 들어가도 되냐고 물었다면, 그 발언에 책임을 져야 한다는 걸 그분 스스로 알고 있었을 겁니다. 자신이 결정하지 않고 상대가 결정하게끔 하는 사람은 오히려 지배적인 성향의 사람일 수 있습니다. 그런 상대라도 한창 좋아할 때는 기댈 수 있는 존재라는 생각이 들기 마련이죠. 그리고 그런 사람이 자신을 밀어내고 떠나려는 사람을 뒤쫓는 건 당연한 일 아니겠어요?

　　　　　　　　나쁜 기억을 지워드립니다

은수　　그 사람이 제가 사는 강릉까지 택시를 타고 찾아온 적이 있었어요. 보고 싶다면서요.

철학자　　서로 관계가 좋았을 때는 그분을 스토커 같다고 생각하지 않았죠?

은수　　근데 우리 관계가 끝날 때 그 사람 쪽에서 "헤어지자"란 말을 꺼내기도 했어요.

철학자　　아마 단단히 마음먹고 그랬을 거예요. 스스로 납득하고 받아들인 거라고 보이진 않지만요. 그분 같은 경우, 사후 승낙 식의 일 처리는 받아들이지 못할 겁니다.

은수　　그러고 보니 생각나네요. 그 사람한테 "우리 한 달만 떨어져 있어 보자"라고 제안했더니, 갑자기 "헤어지자는 말이야?"라고 묻더라고요.

철학자　　실제로 헤어질 생각으로 떨어져 있자고 제안한 건가요?

은수　　네. 그렇지만 제가 떨어져 있자고 한 건 꼭 헤어지자는 뜻으로 말한 게 아니었는데 상대가 저를 그런 식으로 몰아가는 건 좀 아니라고 생각했어요.

철학자   아무래도 은수 씨 또한 그분과 마찬가지로 상대방에 의
해 뭔가가 정해지는 건 싫은가 보네요. 그분은 은수 씨
가 대화의 여지를 주지 않고 자신의 결심을 사후 승낙
처럼 종용하는 게 내키지 않았을 겁니다.

은수   제가 어떻게 하는 게 옳았던 걸까요?

철학자   상의하는 게 좋았을 거예요.

은수   상의요?

철학자   '우리 앞으로 어떻게 할까?'라고 서로 의논하는 거죠.

은수   하지만 그가 헤어지기 싫다고 하면요?

철학자   그러니까 더욱더 상의할 필요가 있었던 겁니다. 서로 생
각이 다르기 때문에 상의하는 거죠. 난 헤어지고 싶어.
근데 당신은 헤어지고 싶지 않지? 어떻게 할까? 그런 다
음 "우리 한 달만 떨어져 있어 보자"라고 은수 씨가 제
안하고, 상대방은 그 제안을 받아들일지 말지 생각하
는 거죠. 그리고 상대방이 납득할 수 없다면 그쪽에서
다시 대안을 내놓는 거죠. 이런 식으로 끈질기게 대화

를 되풀이하면서 서로에게 다가서기를 멈추지 않아야
합니다.

또 한 가지는 김치를 둘러싼 이야기를 나눌 때 두 분이
서로의 마음을 떠보면서 탐색하는 것처럼 보인다는 겁
니다. 결혼에 대해 직접 말을 꺼내 논의했어야 하는데
말이죠.

은수　　전 결혼에 대해 그다지 좋은 인상을 갖고 있지 않아요.
좋아하는 사람과 함께 사는 건 행복한 일이라고 생각하
지만, 결혼해서 일하고, 살림도 하고, 아이를 낳아 키우
는 게 저로서는 영 부담스럽거든요.

철학자　　저도 결혼 후에 맞닥뜨리는 현실이 쉽지 않다는 걸 잘
알고 있어요. 그래도 이를 바꿔 나가려는 노력이 한편
으로는 필요하다고 봅니다. 하지만 상대방의 자상함을
우유부단함으로 판단하고 자신의 마음에 제동을 걸었
던 것처럼, 은수 씨의 결혼에 대한 불안감은 자기 마음
에 브레이크를 밟기 위한 것입니다.

은수　　그렇게 생각해 본 적은 없어요.

철학자　　제 눈에는 은수 씨가 액셀과 브레이크를 동시에 밟고

있는 것처럼 보이는군요.

은수　무슨 말씀이시죠?

철학자　일단 제동은 걸었지만, 그분을 향한 마음을 접지 못하
고 헤어졌다는 뜻이죠. 그렇지 않으면 오늘 이 자리까
지 찾아오지 않았을 거 아닌가요?

은수　그 사람과 마지막으로 만나고 헤어지는 순간, 전 한 번
더 뒤돌아 그를 보지 않을 수 없었어요. 제가 다시 그
사람을 볼 수 있을까요?

철학자　그건 아무도 모릅니다. 하지만 다시 새로운 봄날이 찾아
와 피는 꽃은 결코 작년과 같은 꽃이 아니에요. 언젠가
다시 만날 일이 있다면, 그때는 은수 씨도 그분도 처음
만나게 되는 겁니다.

🎞️

　많은 사람이 사랑하기는 쉽지만, 사랑할 만한 상대를 발견하
기는 어렵다고 생각한다. 그러나 에리히 프롬은 그렇지 않다고
말한다.

> "사랑의 문제란 곧 대상의 문제이지, 능력의 문제가 아니다. 사랑하기는 쉽지만, 사랑할 또는 사랑받을 만한 올바른 상대를 찾기는 어렵다. 사람들은 이런 식으로 생각한다."
>
> _에리히 프롬,《사랑의 기술》

　사랑할 사람과의 만남이 성사되고, 그 후 죽을 때까지 서로 사랑할 수 있다면 누구도 번민에 빠질 일은 없다. 그러나 한 번 사랑했던 사이더라도 그 사랑이 언제까지나 지속된다는 보장은 어디에도 없다. 만남이 성사되기만 하면 연애가 잘 이루어질 줄 알았던 사람조차 막상 누군가와 사귀기 시작하면 그 만남은 출발점에 불과하다는 것을 금방 깨닫곤 한다.

　에리히 프롬은 사랑이란 상대를 발견하는 것이 아니라 상대를 '사랑하는 능력'이 중요하다고 말한다. 연애를 몇 번 해도 잘되지 않는 사람이 있다. 또한 결혼과 이혼을 몇 번이고 되풀이하는 사람도 있다. 이런 사람은 사랑할 만한 상대가 없는 게 아니다. 그럼에도 연애나 결혼 문제에서 좌절한다면, 그 사람이 사랑하는 방법 혹은 사랑할 줄 아는 능력을 개선할 필요가 있다는 의미다.

　에리히 프롬은 나아가 다음과 같이 서술한다.

> "사랑은 기술인가? 기술이라면 사랑에는 지식과 노력이 필요하다. 아니면 사랑은 운의 문제, 즉 운만 좋으면 사랑에

'빠질' 수 있는 즐거운 감정인 것인가?"

_에리히 프롬, 《사랑의 기술》

사랑은 능력의 문제이며, 나아가 기술이라고 에리히 프롬은 말한다. 또한 사랑이 기술이라면 지식과 노력이 필요하다고 이야기한다. 그런 의미에서 사랑은 '빠지는' 것이 아니라 '쌓아 올리는' 것이라 할 수 있다.

사랑의 기술을 안다면 "어떻게 사랑이 변하니?"라고 한탄하지 않아도 될 테지만, 사랑의 기술을 모른다면 상대가 바뀐다 해도 같은 일이 또 벌어질 것이다. 사랑에도 노력을 기울이지 않으면 그 관계는 지속할 수 없다.

사귀기 전에는 상대가 날 좋아해 줄 거라는 자신감 혹은 확신이 없기 때문에 상대방이 호의를 가질 수 있도록 좋은 행동들을 보이며 상대의 관심을 끌려고 한다. 하지만, 사귀기 시작하면 이미 서로의 마음을 확인했기 때문에 상대의 기분을 헤아리는 일은 더 이상 필요 없다고 생각하게 된다. 의혹이나 의심이 생겨 불안해지는 일이 생기지 않는 한, 이대로 쭉 행복한 채로 있을 수 있다고 여긴다.

하지만 이 행복은 언제까지나 지속되지 않는다. 상대가 자신으로부터 멀어질 일은 없을 것이라 여기고 더 이상 사랑받기 위해서 노력하지 않게 되기 때문이다. 그뿐 아니라 오히려 그런 일을 저지른다 해도 상대가 자신을 용서해 줄 것이라는 마음에 상대에게 서슴없이 심한 말을 하거나 싸우게 된다.

지배적인 성향의 사람은 상대의 모든 것을 파악하려고 한다. 사귀기 시작하면 상대의 과거나 현재의 인간관계를 알려고 한다. 하지만 아무리 가까워져도 상대의 모든 부분을 파고들어 알려고 해서는 안 된다. 인간관계에서는 타인의 과제에 함부로 침범하는 경우 갈등이 생긴다. 아무리 부모라 해도 자식의 일기를 마음대로 봐서는 안 되는 것처럼 말이다.

한편 둘이 협력해서 해결하지 않으면 안 되는 일이 있다. 앞으로 무엇을 목표로 어떻게 살아갈 것인지에 대해서는 반드시 함께 논의해야 한다. 이때 상대에게 강제할 수 없는 것이 두 가지 있다. 하나는 사랑이며, 다른 하나는 존경이다. "날 존경해"라고 말한들 그럴 만하지 않은 사람을 존경할 수는 없으리라. 사랑도 마찬가지다. "날 사랑해 줘"라고 말해 봤자 그럴 만하지 못하면 그 누구에게도 사랑받지 못할 것이다.

그렇다면 어떻게 해야 사랑받을 수 있을까? 자신이 어떨 때 사랑받고 있다는 느낌이 드는지를 생각해 보면 알 수 있다. 바로 자신이 사랑받고 있음을 알게 되었을 때, 실감할 수 있다. 그러므로 사랑받고 싶다면 상대를 사랑하면 된다. 항상 자신이 사랑받는 것만 생각해 온 사람은 결국 사랑받지 못하게 될 것이다. 이런 배려를 할 수 있다면 두 사람 관계에서 본연의 모습은 달라지리라.

사랑은 변하는 것이다. 틀림없이. 아들러가 자주 예로 든 우화

중에 이런 것이 있다. 죽음의 문턱에 이른 아버지의 곁에 자식들이 둘러앉아 있었다. 그중 한 아들이 아버지에게 다가가 미래에 관해 알고 있는 것을 이야기해 달라고 하자 아버지는 이렇게 말했다.

"단 한 가지 분명한 점은 확실한 건 아무것도 없고, 모든 건 변한다는 거야."

사랑 또한 확실한 것이 아니다. 끊임없이 변해 간다. 두 사람이 아무리 열정적으로 사랑한다 해도 그 사랑이 영원히 지속될 수는 없다. 꽃이 언제까지고 마냥 피어 있지 않은 것처럼, 마침내 이별의 순간은 찾아온다.

그렇다 하더라도 이 사람과 만날 수 있었던 것, 이 사람과 함께 보낸 시간은 틀리지 않았다고 생각할 수 있도록 부단히 노력하지 않으면 안 된다. 최선의 이별을 맞이할 수 있도록 평상시에 노력을 기울이는 것. 이런 생각을 바탕으로 사랑하는 두 사람에게는 '미래'가 필요 없다. 그게 바로 사랑이다.

외로워서
그런
거였더라

철학자의 말

결혼 생활이 처음에 생각했던 것과 달라지는 것은 당연하다. 두 사람이
함께 보내는 시간은 이벤트가 아니라 일상이기 때문이다. 함께 살다 보
면 결혼 전에는 보이지 않던 문제가 드러나는데 이럴 때 '어떻게 할 것인
가?'가 관건이 된다.

내 아내의 모든 것

핑크빛 연애와 달리 결혼은 예쁘고 코믹한 판타지가 아니라 다큐멘터리 같은 일상이자 현실이다. 결혼의 달콤한 환상이 깨지는 순간, 이내 티격태격하기도 하고 서로의 다른 점이 하나둘 눈에 들어오기 시작한다. 그후 함께한 세월만큼 서로에게 길들어 그 편안함과 익숙함에 만족하면서도 싫증과 권태기가 찾아오기도 한다. 결혼 '생활'이 본격적으로 궤도에 오르는 것이다. 여기 결혼 생활에 대한 올바른 자세를 되돌아보게 하는 로맨스 영화 〈내 아내의 모든 것〉(민규동, 2012)을 불러 본다.

아내의 폭풍 같은 잔소리와 뒷감당이 무서워 이혼하자는 말도 제대로 못 꺼내는 남자 '두현'은 전략을 바꿔 어떤 여자도 유혹할 수 있다는 카사노바를 찾아가 아내인 '정인'을 유혹해 달라고 부탁한다.

하지만 영화 속 전개와 살짝 궤를 달리해 두현은 카사노바를 찾아가기 전 정인과 함께 철학자를 방문해 자신들의 속내를 털어놓는다. 두현과 정인은 '나와 그대'의 삶에서 벗어나 '우리'의 삶으로 전환할 수 있을까?

두현	내 인간관계, 넌 다 싫지? 우리 식구도 별로고, 내 친구도 별로고, 동료들도 별로고. 그래서 나까지 너처럼 살아야 돼? 아무도 안 만나고? 그럼 넌? 넌 솔직하냐?
정인	왜 화를 내?
두현	남편이 화 좀 냈어. 그게 이상해? 넌 되고 난 안 돼?
정인	갑갑하고 지겹고 짜증 나고, 그래? 내가?
	그래서 이혼이라도 하고 싶단 거야?

두현   설마 이렇게 될 거라곤 생각도 못 했어요.

철학자   '이렇게'라니요?

두현   처음 만났을 때 제 아내는 조용하고, 수줍어하고, 항상 미소를 짓는 사람이었어요. 그런데 지금은 뭐든 거침없이 자기 할 말 다 합니다. 저한테도요. 결혼하고 7년이라는 세월이 지나는 동안 왜 이렇게 관계가 변한 걸까요?

철학자   예전에 저를 찾아온 중학생 여자아이가 떠오르네요. 그 학생은 남자들 앞에 서면 부끄럼을 타듯 얼굴이 붉어지곤 했는데 이래서야 아무도 자기를 상대해 주지 않을 거란 고민을 털어놓더군요. 하지만 두현 씨라면 그렇지 않다고 말하겠죠?

두현   처음 만났을 때 제 아내와 같네요.

철학자   그 학생은 몰랐을 겁니다. 첫 만남에서 논리적으로 말하면서 상대를 간파하는 듯한 기세를 풍기는 여성을 좋아하는 남성들은 그리 많지 않다는 걸 말입니다. 두현 씨도 그렇지 않나요?

두현　수줍음 타는 사람이 좋다고 대답하면 아내에게 한 소리를 들을 것 같은데요.

정인　남편을 처음 만났을 때 저는 거의 말을 하지 않았어요.

철학자　정인 씨는 원래 조용한 성격인가요?

정인　아니요. 전 항상 할 말 다 하는 성격이어서 이성이 절 좋아하는 건 처음 만났을 때뿐이었어요.

철학자　두현 씨도 정인 씨를 처음 봤을 때만 좋아했나요?

정인　아마도 그랬을 거예요.

철학자　그런가요, 두현 씨?

두현　처음에만 좋아했던 건 아닌데……. 시간이 지날수록 더욱더 거침없이 말하더라고요. 그러자 예전처럼 설레진 않았습니다.

정인   심하게 솔직하네.

철학자   정인 씨는 두 사람의 관계가 변했다고 생각합니까?

정인   네. 가장 큰 변화는 대화가 없어진 점이고요.

두현   대화가 없다고? 항상 나한테 투덜대면서 화내잖아? 그건 대화가 아니고 뭔데?

정인   화내는 걸 대화라고 말하는 사람은 당신뿐이야.

철학자   보통은 화내면서 잔소리하는 걸 두고 대화라고 하지는 않죠.

두현   내가 이혼하고 싶다고 처음 말했을 때 제대로 상대해 주지도 않았잖아?

정인   왜 이혼하고 싶은지를 내가 물었잖아.

두현   내가 이유를 대면 그 대답에 하나씩 꼬치꼬치 따지고 들었잖아. 그건 대화가 아냐?

정인   당신도 내 말을 다 듣지 않고 중간에 끊었잖아. 내가 말하는 대화는 그런 게 아니야.

철학자   자신의 생각을 주장하더라도 상대의 생각을 들으려 하지 않는다면 그건 대화라고 할 수 없습니다.

정인   어쨌든 나는 말해야 해. 제 생각엔 오랫동안 같이 살면서 생긴 편안함 때문에 우리 사이에 대화가 없어진 것 같아요. 제가 말하는 대화란 물론 시비조로 하는 말들이 아니라 서로 어떻게 생각하는지를 확인하거나, 별 시답잖은 이야기를 주고받거나, 서로의 애정을 확인하는 거예요.
하지만 서로를 다 안다고 생각하는 바람에 오해가 생기기도 하고 그러다 둘 사이에 틈이 벌어진 거겠죠. 처음에는 대화가 줄어들어도 마음이 편했는데 점점 불안해졌어요. 어느새인가부터 '내가 사랑받고 있는 거 맞아?' 하는 생각이 들면서 제가 남편한테 사랑받지 못하고 있다는 증거들을 수두룩하게 발견했죠. 저는 버리지도 못하고 빨지도 못하고 구질구질해진 채 구석에 처박아 놓은 인형이 된 기분이었어요.

두현   그런 생각이 들었을 때 진작 말해 주었으면 좋았잖아.

정인   난 몇 번이고 말했어. 난 침묵에 길드는 게 두려웠어. 그
래서 입 다물고 있는 것보다 나을 거란 생각에 그 침묵
을 깨려고, 침묵을 지우려고 계속해서 독설을 내뱉었던
거야.

두현   너, 외로워서 그랬던 거구나.

정인   그건 아닌 것 같아.

두현   그럼 왜 그런 건데?

정인   나도 잘 모르겠어. 선생님, 왜 그런 걸까요?

철학자   정인 씨가 모르는 일을 제가 안다고 말하긴 어렵지만,
생각건대 정인 씨는 항상 주목받고 싶어 하지 않았습니
까? 두현 씨도요.

두현   네? 저도요?

철학자   네, 두현 씨도요. 저도 독설을 하자면······.

정인   선생님은 하시지 않아도 돼요.

철학자   그런가요? 그럼 그냥 말해 볼까요? 두 분 모두 상대에게 어떻게 하면 사랑받을 수 있을까만 생각해 왔습니다. 두현 씨는 자신이 기대한 것만큼 사랑받지 못한다고 느꼈기 때문에 이혼을 생각하게 된 거죠.

두 분 모두 아마 응석받이로 자랐을 거예요. 그 때문에 어떤 대인관계에서든 자신이 상대에게 무엇을 베풀 수 있을지 생각하지 않고 오로지 상대가 자신에게 무엇을 해 줄지만 기대하는 것처럼 보입니다. 하지만 유감스럽게도 남들은 자신의 기대를 충족시켜 주기 위해 살아가는 게 아니죠. 그래서 상대가 자신의 기대를 저버리면 실망하고 화를 내기도 합니다.

정인   남편에게 화를 내고 싶지는 않았어요.

두현   저 역시 불평만 늘어놓으니 화가 났던 거예요. 그럴 때도 참으란 말씀이세요?

철학자   분노는 상대방에게 자신이 옳다는 것을 인정받기 위해 사용하는 감정입니다. 그러나 자신이 옳다는 걸 증명한다 한들 상대가 곁에 없다면 아무 소용이 없잖아요? 만약 두 분이 앞으로도 계속 함께 살아가기를 원한다면 조언을 해 드릴 수는 있습니다.

두 사람   알려 주세요!

철학자   저는 두 분이 처음부터 사랑받기만을 원했다고 생각하진 않습니다.

정인   저는 이 사람과 함께 살기만 해도 괜찮겠다 싶었어요.

두현   저도 이렇게 아름답고 귀여운 사람과 결혼할 수 있어 기뻤습니다.

철학자   처음 만났을 때의 두 사람으로 돌아가면 됩니다. 물론 과거는 이제 지나가 버렸기에 그 순간으로 돌아갈 수는 없겠죠. 제 말뜻은 그게 아니라 상대방의 존재를 사랑스럽다고 생각하는 게 먼저라는 겁니다.
상대방에게 사랑받기 위해 특별한 일을 하지 않아도 됩니다. 다시 말해 관심을 끌려고 화를 내거나 싸움을 걸 필요가 없다는 것입니다.

두현   싸움을 하는 게 관심을 끌기 위해서라니, 무슨 뜻인지 잘 모르겠네요.

철학자   싸움을 하면 나중까지 그 일을 털어 내지 못하고 곱씹

게 되잖아요? 계속 상대를 생각하게 된다는 말이죠. 그렇지만 상대를 화나게 해 관심을 끌려고 하면 할수록 상대는 결국 자신에게서 멀어지게 됩니다.

두 분에게 물어봐도 될까요? 서로의 어떤 점에 끌렸는지 기억나나요?

두현   저는 아내가 똑똑하고 당차게 자기 할 말을 다 하는 점에요. 선생님이 수줍음 많은 학생 이야기를 꺼내셨을 때 실은 알고 있었어요. 만약 제 아내가 그저 수줍게 미소만 짓는 사람이었다면 끌리지 않았을 거란 사실을요. 아내는 현명한 사람이에요.

철학자   정인 씨는요?

정인   남편의 자상하고 배려심 많은 점에 끌렸어요. 가끔은 남들한테도 그래서 질투할 때도 있지만요. 그리고 저를 속박하지 않는 점도요.

철학자   일본의 철학자인 모리 아리마사森有正는 "사랑은 자유를 추구하지만, 자유는 필연적으로 그 위기를 깊이 파고든다"라고 말했습니다.

나쁜 기억을 지워드립니다

두현   무슨 뜻이죠?

철학자   상대를 너무 자유롭게 둔다면 다른 사람에게 빠져 당신을 떠날 수 있다는 뜻입니다. 하지만 속박한다면 당신이 싫어져 떠날 수도 있지요.

두 사람   어떻게 하면 좋을까요?

철학자   상대를 신뢰해야 합니다. 상대를 테스트하듯 대해서는 안 돼요. 응? 두현 씨, 무슨 일인가요?

두현   아, 약속을 취소해야겠단 생각이 들어서요. 전화 좀 하고 오겠습니다.

　결혼은 종종 해피엔딩이 아닐 수 있다. 이게 마지막 사랑이란 생각에 결혼을 결심했건만 결혼 전 마음속에 그리던 것과는 사뭇 다른 양상이 펼쳐지기도 한다. 해피엔드는커녕 어쩌면 불행의 시작일지 모른다.

　도대체 왜 그런 걸까. 이는 두 사람이 결혼을 하기 전부터 알고 있던 사실이라 봐도 무방하다. 아들러는 "사랑과 결혼의 문제는 완전한 평등을 토대로 삼을 때만 만족스럽게 해결할 수 있다"(알프레드 아들러, 《삶의 과학》)라고 말했다.

결혼 생활이 처음에 생각했던 것과 달라지는 것은 당연하다. 두 사람이 함께 보내는 시간은 이벤트가 아니라 일상(라이프)이기 때문이다. 함께 살다 보면 결혼 전에는 보이지 않던 문제가 드러나는데 이럴 때 '어떻게 할 것인가?'가 관건이 된다.

두 사람이 어떤 문제를 두고 충돌하는 것은 피할 수 없지만, 완전한 평등을 토대로 삼지 않으면 그 문제를 만족스럽게 해결할 수 없다고 아들러는 말한다. 완전한 평등이라는 말의 의미를 제대로 이해하지 못하는 경우가 적지 않다. 이는 문제 해결에서만 필요한 요소가 아니다. 문제가 생기든 그렇지 않든 둘의 관계에서 본연의 자세가 평등해야 한다는 뜻이다.

결혼할 때 '당신을 행복하게 해 줄게' 혹은 '나를 행복하게 해 줘'라는 생각으로 한다면 완전한 평등을 토대로 한 결혼이라고 할 수 없다. 두 사람이 힘을 합쳐 행복을 만들어 나가는 것이 결혼이지, 상대방을 행복하게 해 주겠다거나 상대방이 나를 행복하게 해 줄 거라는 생각으로 결혼한다면 처음부터 잘못됐다고 해야 마땅하다.

자신이 애써 가족을 부양하는데 누구도 거기에 고마워하지 않는다는 걸 못마땅하게 여기는 사람이 있었다. 그는 가족들에게 경제적으로 아무런 스트레스도 안 받게 해 줬는데 대체 뭐가 불만이냐며 화를 냈다. 그러나 집안 경제를 도맡고 있다고 해서 자신이 가족들보다 더 높은 위치에 있다고 생각한다면 평등하고 대등한 관계라고 할 수 없다.

결혼하고 나서 이런 말을 서슴없이 내뱉는 사람 또한 어릴 적 부모에게 "네 인생이니까 무슨 짓을 해도 말리지는 않으마. 다만 네 손으로 일해서 번 돈으로 해"와 같은 이야기를 들으며 분한 마음을 느낀 적이 있었을지 모른다.

부모에게 부당한 이야기를 듣고 자란 두 사람이 만나 부모의 억압을 피해 결혼을 하려고 한다. 이때 두 사람의 관계는 자유롭고 대등했을 것이다. 그런데 결혼 후 언젠가부터 부모가 자신에게 했던 말이나 행동을 상대에게 똑같이 하게 된다. 비단 경제적인 문제뿐 아니라 관계 자체에서 어느 한쪽이 상대보다 우위에 서려고 하는 것이다. 자신은 가장이기 때문에 스스로를 희생해 가족을 지켜야 한다고 말하는 사람도 있을지 모른다. 이 역시 자신이 우위에 있음을 주장하는 것이나 다름없다.

둘의 관계가 평등하지 않은 부부에게 결혼 직후 또는 결혼 전의 두 사람이 되라고 조언하는 이유는 갑과 을이 되어 버린 둘의 관계가 대등한 관계를 되찾았으면 하기 때문이다. 그렇게 되면 두 사람은 상대방과 함께할 수 있다는 사실만으로 감사하다고 여길 것이다.

문제가 생겼을 때는 대화를 하는 수밖에 없다. 대화 방법을 모르면 서로 감정적인 말로 응수하게 된다. 이런 경우는 물론이고 설령 감정적이지 않더라도 자신이 옳다고 생각하는 바를 상대방에게 강요하려 든다면 그것은 권력 다툼이 된다.

권력 다툼을 그만두려면 대화의 목적이 어느 쪽이 옳은지 밝히기 위해서가 아니라 서로 친해지기 위해서임을 깨달아야 한다. 올바른 이치를 내세우며 상대를 굴복시키려 한다면 상대는 더 이상 앞으로 나오지 않고 음지로 물러나고 만다. 그러고는 복수를 시작한다.

결혼한 두 사람이 복수 단계에 들어서면 이해관계가 없는 제삼자가 개입하지 않는 한 화해에 이를 수 없다. 그러니 복수는 물론이고 권력 다툼조차 일으키지 않는 대화 방법을 익혀야 한다. 이를 위해서는 먼저 상대의 생각을 이해하는 것, 적어도 이해하려고 노력하는 것이 필요하다. 두 사람이 아무리 친밀하다 해도 상대가 무슨 생각을 하고 있는지 모른다는 전제 아래 상대의 말에 귀 기울여야 한다.

자녀 문제로 상담하러 오는 사람들 중에 자기 아이에 대해서는 부모인 자기가 가장 잘 안다고 말하는 사람들이 있다. 만약 정말로 그렇다면 처음부터 아이는 문제를 일으키지 않았을 것이다. 부모가 자신을 가장 잘 안다고 말했다는 사실을 아이가 알게 된다면 자기가 무슨 생각을 하는지 어떻게 아느냐고 반발하지 않을까? 이를 부부관계에도 적용할 수 있다. 상대의 이야기를 들어 보지도 않고 함께 살아 봤으니 상대를 다 안다고 넘겨짚지 않아야 한다.

다음으로 이해하는 것과 찬성하는 것은 별개임을 아는 것도 중요하다. "당신 생각은 이해할 수 있어. 하지만 찬성할 수는 없어"라는 상황이 벌어질 수 있다. 상대방을 이해하려면 상대방에게 관심을 가져야 한다. 설사 이해하기 어렵더라도 '저 사람이 왜 그럴까?' 생각해 보는 것이 상대방에게 관심을 갖는 것이다.

그러나 이는 녹록지 않다. 상대에게 관심을 가지기 위해서는 상대의 입장에 설 필요가 있다. 아들러는 이를 두고 '동일시'라는 말을 쓴다. 내가 이 사람이라면 어떻게 생각할지, 어떤 행동을 취할지 상대의 입장에 서서 상대방과 자신을 동일시하며 생각해 보는 것이다. 이 동일시가 안 되는 사람은 상대를 헤아릴 수 없다.

결혼 생활에서 교착 상태에 빠진 부부에게 나는 감정보다는 행동을 개선해 보라고 권한다. 상대방의 행동에서 불만스러운 점을 종이에 써 보는 것이다. 이때 '나한테 좀 더 가까이 다가왔으면 좋겠다' 같은 감정적인 내용은 제외한다.

'책을 읽고 있을 때는 방해하지 않았으면 좋겠다.'
'입던 옷을 아무 데나 처박아 놓지 않았으면 좋겠다.'

실제로 이런 사소한 불만들 때문에 관계가 나빠진 것은 아니겠지만 행동이 개선되면 관계의 개선으로 이어진다. 결혼 후 자꾸 삐걱거리던 커플에게는 이것이 서로 협력해 문제를 해결하는 첫 기회가 되어 줄 것이다.

첫눈 오는 날
그곳에서
만나자

첫사랑이 이루어지지 않는 건 두 사람이 겪은 일 때문도, 두 사람이 미숙
했기 때문도 아니다. 좋은 관계를 구축하는 법을 서로가 몰랐기 때문이
다. 그래서 첫사랑과 재회한 후 마음이 흔들리는 경우가 있다 해도, 그저
나이를 먹은 것뿐이라면, 다시 똑같은 실수를 저지르고 헤어지게 되는
것이다.

건축학개론

로맨스 서사에서 실패한 첫사랑의 노스탤지어만큼 공감과 판타지를 자극하는 소재가 또 있을까? 순수함과 열정에 사로잡혀 풋풋했던 시절, 어리숙했던 탓에 이루어지지 않은 사랑을 아련히 떠올리며 가슴 아파하면서도, 묘하게 설레는 마음속 소용돌이. 그 알싸한 감정의 파고는 첫사랑이란 말로 한데 모여 우리에게 향수를 불러일으킨다.

여기, 과거의 감정과 기억을 현재에 새롭게 불러내며 새살을 덧붙이는 과정을 집을 짓는 과정과 병치하며 펼쳐 낸 영화 〈건축학개론〉(이용주, 2012)을 소환한다. 미래에 대한 불안에 사로잡힌 남자, '승민' 앞에 첫사랑 '서연'이 나타난다. 과거 사랑에 서툴렀던 승민은 적절한 고백의 언어를 몰라 애를 태웠고, 친구의 충고를 바탕으로 서연에게 성마르게 접근했다가 실연의 아픔을 맛봤다. 그 후 그는 첫사랑의 감정을 지워 버린 채 패배 의식 속에 그 기억을 봉인시켰다. 세월이 흘러 다시 나타난 첫사랑 앞에서 여전히 과거에 사로잡힌 승민은 과거와 현재 사이에서 갈팡질팡하며 철학자를 찾아간다. 사랑에 대해, 우리의 삶에 대해 선택의 기로에 선 자가 과거의 실패를 보듬고 새살이 돋도록 현명한 판단을 내릴 수 있을까?

서연	그 쌍년이 나야? 너 첫사랑. 그 쌍년이 나냐고?
승민	아니야. 너 아니야. 너랑 나랑 뭐가 있었다구?
서연	그렇지? 나 아니지? 근데 왜 그게 나 같지? 그 쌍년이. 이상하네.
승민	그게 왜 너 같애? 하튼 얘 이상한 애야. 이상한 유머 있어.

승민   오랜만에 다시 만난 사람이 있습니다.

철학자   얼마 만에 만나셨습니까?

승민   15년 만입니다. 저는 건축가인데 저에게 집을 지어 달
라며 설계를 맡기러 온 고객이었어요. 처음에는 찾아온
사람이 누군지 몰라봤어요. 나중에야 대학 때 알고 지
냈던 사람이란 걸 알아차렸죠.

철학자   15년 정도로 잊어버릴 수 있습니까?

승민   외모가 변하면 몰라보는 일도 있지 않나요?

철학자   그분이 그렇게 못 알아볼 정도로 변했던가요?

승민   네.

철학자   그건 어쩔 수 없는 일이죠. 승민 씨도 마찬가지잖아요.
설마 본인만은 변하지 않았다고 생각하는 겁니까?

승민　당연히 저도 변했어요. 하지만…….

철학자　하지만?

승민　저 스스로도 놀랐던 건 사실 그녀가 제 첫사랑이라는 겁니다. 그런데도 몰라봤습니다.

철학자　별로 '거짓말'을 잘하지 못하시네요.

승민　아, 대학생 때 친구에게도 그런 말을 들은 적이 있습니다. 거짓말을 하려면 좀 더 그럴싸하게 하라고요.

철학자　제 앞에서 진실을 말씀해 주시지 않으면 상담하러 오신 의미가 없습니다.

승민　그렇군요. 그럼, 뭐든 다 말씀드리죠. 사실은 바로 알아봤어요. 사무실로 찾아온 사람이 첫사랑이란 것을요. 저는 같은 건축사무소에서 일하는 후배와 약혼해 조만간 결혼을 앞두고 있습니다. 약혼자가 처음에 그 친구를 안내해 줬기에 서로 구면인 걸 알리고 싶지 않았어요. 그래서 그녀를 모르는 척하고 말았죠.

철학자　첫사랑이라면 쉽게 잊어버릴 수 없으니까요. 어릴 때 헤어진 사람이라면 금방 알아보지 못할 수도 있지만. 그분과는 결혼하지 않으셨군요.

승민　네. 저는 그 사람에게 끝내 고백하지 못했습니다. 아까 말씀드린 것처럼 전 약혼자가 있어서 얼마 안 있으면 결혼할 텐데, 첫사랑과 재회하고 마음이 흔들리고 있습니다. 결혼을 앞두고 어떻게 해야 할지 몰라 망설이고 있어요. 그녀와 재회하지 않았다면 아무 망설임 없이 결혼했을 텐데요.

철학자　망설이는 일 없어요?

승민　아니 조금 고민되는 부분은 있었습니다. 첫사랑을 다시 만나기 전에도요.

철학자　첫사랑이었던 분은 결혼하지 않으셨나요?

승민　지금은 혼자입니다.

철학자　그럼 승민 씨는 그분과 결혼할 수 있을지도 모른다는 생각이 들기 시작했다는 겁니까?

승민   네. 하지만 지금에 와서 파혼한다면 약혼자가 슬퍼할 겁니다.

철학자   당연하죠.

승민   그래서 망설이는 겁니다.

철학자   이상하네요.

승민   뭐가요?

철학자   첫사랑인 그분은 당신과 결혼하겠다고 하시던가요?

승민   아뇨.

철학자   당시에 그분과 결혼하지 않은 이유는 무엇이었나요?

승민   결혼은커녕, 고백하는 것도 무서웠습니다.

철학자   지금은 그분에게 고백하면 결혼 승낙을 얻어 낼 거라는 자신감이 있으시군요.

승민   아뇨, 지금도 고백하는 건 겁이 나요.

철학자   그렇다면 아직 아무것도 시작된 게 없잖아요. 대학생 때도 지금도, 상대는 승민 씨에게 각별한 호의를 가지고 있지 않을지도 모릅니다.

승민   만약 아무 마음이 없었다면 일부러 제가 일하는 회사로 찾아와 제게 집을 지어 달라고 하지 않았을 겁니다.

철학자   그건 당신 생각일지도 모르죠.

승민   그럴 리가요!

철학자   그만큼 확신이 있었다면 예전에 고백하는 게 좋았을 텐데요.

승민   죄송합니다. 큰소리를 냈네요. 선생님 말씀이 맞습니다. 좀 더 일찍 용기 내어 고백했다면 좋았을 거예요.

철학자   첫사랑을 잊지 못하는 사람은 계속 그렇게 가능성 속에서 살고 있는 겁니다. 고백하지 않았던 건 상대에게서 특별하게 생각한 적이 없다든가, 남자로서 생각한 적이 없다 같은 대답이 돌아올 것이 두려워서 그랬던 것은 아니었을까요?

승민   맞는 것 같습니다.

철학자   지금은 남편과 헤어진 첫사랑이 승민 씨에게 마음을 품고 찾아온 것이라면, 그녀가 당신한테 호의를 갖고 있다는 게 승민 씨의 착각이라고 할 수만은 없겠죠. 그래서 첫사랑과의 인생을 택할 것인지, 약혼자와의 인생을 택할 것인지 망설이는 겁니다. 거기에 가망이 전혀 없다면 망설이지도 않을 테죠.
그런데 지금 승민씨가 왜 망설이고 있는지 아세요?

승민   아니요. 생각해 본 적 없습니다.

철학자   망설이는 한 정하지 않아도 되기 때문입니다. 망설이는 것을 끝내려면 결정해야 하니까요. 게다가 첫사랑과 미래를 약속한 것도 아니잖아요. 만약에 거절당할 경우를 대비해 파혼할 용기도 없습니다. 약혼자를 담보로 하고 있다고 할 수도 있죠. 첫사랑에게 고백했다가 거절당하더라도 약혼자와의 삶은 남겨 두어야 하니까요.
저한테는 승민 씨가 스스로 결정해야 함에도 불구하고

그저 흘러가는 상황에 맡기려고 하는 것처럼 보입니다.

승민　그럴지도 모릅니다. 지금 얘기하다가 막 떠오른 게 있어 요. 처음에 그 친구한테 어릴 적에 살았던 집을 신축해 달라는 의뢰를 받았어요. 그래서 구상한 집의 모형을 보여 줬는데 낯설다는 얘기를 하더라고요.
제 약혼자가 그 말을 듣고 친숙하지 않은 건 신축이기 때문에 그럴 수 있다며 지금 있는 집을 부수지 말고 리 노베이션하자고 제안했습니다. 그 제안을 의뢰인인 그 친구가 받아들였고요.

철학자　어릴 적부터 살던 집을 허물고 새로 짓는 것은 분명 상 당한 결심이 필요한 일이죠.

승민　그 친구랑 그 오래된 집을 살피러 간 적이 있어요. 어릴 때 키를 재고 표시해 둔 흔적 같은 게 벽에 남아 있더라 고요. 그런 걸 없앤다는 생각에 자신이 전에 살던 세상 을 지워 버리는 듯한 기분이 들었겠죠.

철학자　사람은 쉽게 과거를 버리고 인생을 '리셋'할 수는 없습 니다. 인생을 리셋하는 것에 저항하고 싶은 마음이 드 는 건 당연해요.

승민 씨도 과거에 대한 집착이 있지 않습니까? 첫사랑은 잊을 수가 없어요. 그래서 처음에 첫사랑을 못 알아봤다고 이야기했을 때 사실이라고 믿을 수가 없었습니다. 그런데 리노베이션을 제안한 것이 승민 씨의 약혼자였다는 사실이 흥미롭군요.

승민   어떤 부분이요?

철학자   약혼자분은 미국에서 새로운 인생을 살려고 하는 찰나였기에 '신축'을 원할 것이라고 생각했는데, 그게 아니라 '증축'을 제안했다는 부분이요.

승민   그녀는 '신축'을 바라지 않을지도 몰라요.

철학자   왜 그렇게 생각하십니까?

승민   '신축'을 바라지 않는 것은 아닐까 하는 생각이 들면서 그녀와 인생을 함께하는 것이 조금 고민됩니다.
저는 아직 신출내기 건축가입니다. 미국에 가서도 원룸 아파트에 살 생각이에요. 하지만 제 약혼자는 그게 불만인 것 같아요. 신혼인데 원룸에 사냐고요. 저는 지금 제 형편에 더 넓은 곳은 어렵다고 얘기했는데, 장인어른

되실 분이 도와주실 거라고 하더라고요. 과거의 유복한 생활을 버리고 새롭게 출발하려고 하지 않는 거겠죠.

철학자   승민 씨는 '신축'과 '증축' 중에 어느 쪽을 바라시나요?

승민   저도 과거를 버리고, 새로 출발할 결심을 하지 못하고 있어요.

철학자   첫사랑과 재회했기 때문에 새로운 삶을 걸어가겠다는 결심이 무뎌진 게 아닙니다. 이전부터 그 결심이 확고하지 않았기 때문에 첫사랑과 그에 대한 생각을 잊을 수 없는 거죠.

승민   알고 있습니다. 얼마 전에도 어머니께 "나 미국 가지 말까?" 하고 이야기했는데, 그 말을 한 건 혼자 계실 어머니가 걱정됐기 때문만은 아니었어요.
지금 저는 그 집 공사가 끝날까 봐 겁이 나요. 끝나면 더 이상 첫사랑과 만날 이유가 없어지고, 전 미국에 가야 하니까요.

철학자   허나 시간은 멈출 수 없어요. 어떡하실 거죠. 당신은?

첫사랑의 경험이 그리워지면서 문득 떠오르는 순간이 있다. 이를테면 어릴 적 서로 사이좋게 지내던 두 친구가 있다. 그런데 한 친구가 부모님의 일 때문에 갑자기 전학을 가게 되어 헤어지게 되는 경우가 있다. 어른이라면 멀리 이사를 하더라도 다시 만날 수 있지만, 아이들에게 전학은 이번 세상에서의 이별이 되고 만다. 아이들끼리 만나고 싶다고 해도, 어른에게 의지하지 않으면 혼자서 친구를 만나러 갈 수 없기 때문이다.

이윽고 새로운 환경에서 살기 시작하면서 그 친구와의 편지(요즘 시대라면 문자일까) 교환은 점점 뜸해지고 상대를 떠올리는 일도 드물어진다. 두 사람이 서로 느끼던 그 친밀한 감정이 첫사랑이었다는 건 나중엔 깨닫게 되리라.

이런 경험이라면 어른이 되어서도 좋은 추억으로 남게 될 테지만, 뭔가 서로에 대한 오해로 촉발된 불화 때문에 헤어지게 된 첫사랑이라면 그 경험을 떠올릴 때마다 가슴이 아파 온다.

첫사랑은 대개 결혼에까지 이르지 못한다. 이번 생에서 너무 일찍 만났기 때문이다. 설령 서로가 사모하고 사랑하면서 사귈 수 있었다고 해도 학생끼리라면 졸업한 뒤 어떤 일을 하게 될지, 어디에서 살지 같은 문제를 정하지 않으면 안 된다.

이때 두 사람이 해 보고 싶은 일이 너무 동떨어져 있다면, 사귀는 상대를 아무리 좋아한다고 해도 그 사람을 위해 자신의 꿈을 포기하고 싶지 않은 경우도 있을 것이다. 하여 졸업이나 취

　　　　　　　　나쁜 기억을 지워드립니다

업 같은 인생의 전기轉機를 맞는 횟수가 많아지면 많을수록 헤어질 확률은 높아진다.

그러나 실제로는 만남의 시기가 늦어졌다 해도 영화 속 인물들처럼, 두 사람이 인생의 전기를 경험하지 않고도 헤어지는 경우는 있다. 인생의 전기를 맞이하는 것만이 이별의 원인은 아니기 때문이다. 어떤 문제로 두 사람의 관계가 소원해지거나, 막 사귀기 시작했을 무렵에는 결코 하지 않았던 싸움을 하게 된다면, 예를 들어 졸업을 계기로 헤어질 결심을 하게 되는 것이 사실이다.

첫사랑이 이루어지지 않는 이유는 두 사람이 겪은 일 때문도, 두 사람이 미숙했기 때문도 아니다. 좋은 관계를 구축하는 법을 서로가 몰랐기 때문이다.

그래서 십 년 후나 이십 년 만에 첫사랑과 재회한 후 마음이 흔들리는 경우가 있다 해도, 그동안의 인생에서 그냥 나이를 먹은 것뿐이라면, 다시 똑같은 실수를 저지르고 헤어지게 될 것이다. 사람은 쉽게 변하지 않는다. 다른 사람에게 예전에 했던 똑같은 실수를 저지른다. 하물며 재회한 사람이라면, 비록 옛날에 헤어질 만큼 가슴 아픈 일을 겪었음에도 불구하고, 처음 만난 사람이 아니라는 생각이 들면서 똑같은 실수를 반복해서 저지르고 만다. 그리고 다시 예전처럼 둘 사이에 생긴 벽에 부딪치게 되는 것이다.

첫사랑이 이루어지지 않는 또 다른 이유는 현실적으로 되기 때문이다. 첫사랑을 떠올릴 때, 가슴 아픈 사람이라면 가슴에 이상을 안고 살았던 것, 좋아하게 된 사람을 일편단심으로 생각하고, 그 상대가 자나 깨나 마음속에서 떠나지 않았던 것 같은 연애를 했다고 기억한다.

인생의 전기를 맞이하는 일이 왜 두 사람의 관계를 끝내도록 하는가 하면 서로가 현실을 자각하게 되기 때문이다. 그때 두 사람이 현실적으로 되지 않았다면, 오히려 현실의 여타 어려움들을 극복할 수 있었으리라.

물론 처음부터 현실적이지는 않았을 것이다. 허나 가슴에는 온갖 희망을 가지고, 꿈과 이상을 앞세우며 진지하게 살아가고자 결심한 사람 앞에는 인생을 포기한 냉정한 사람이 그 앞을 가로막는다. 미키 기요시는 이렇게 말했다.

> "자네는 트로이머Träumer야. 그 꿈은 반드시 절망에 의해 깨질 것이니 좀 더 현실적인 사람이 되게나."
>
> 미키 기요시,《이야기되지 않은 철학語られざる哲学》

트로이머는 '꿈꾸는 사람'이라는 뜻이다. 트로이머, 즉 몽상가의 연애는 일편단심이며, 순수하다. 그는 사랑하는 상대를 꾈 기교만을 열변하는 사람을 믿지 않는다. 첫사랑이 감미로운 추억인 것은 지금도 여전히 몽상가이기 때문이다.

나쁜 기억을 지워드립니다

정호승의 시 〈첫눈 오는 날 만나자〉를 떠올려 본다. 사람들이 첫눈이 오면 만나자고 약속을 하는 것은 첫눈과 같은 세상이 두 사람 사이에 늘 도래하기를 희망하기 때문이다. 트로이머인 두 사람이 서로 사랑한 세계는 현실의 더러운 때가 자리하지 않았던 세계다. 그 첫사랑을 떠올릴 때마다 그 세계로 돌아갈 수 있으리라. 현실에서 첫눈이 오면 만나자고 약속하는 사람이 없어져도, 첫사랑을 떠올릴 수 있는 사람은 늙지 않을 것이다.

그렇게 아버지가 된다

— 가족과 부모에 대하여

차라리
고아였으면
좋겠어

현재 삶에서 겪는 고난과 불행을 모두 부모 탓으로 돌릴 때 문제는 생긴다. '부모에게 학대받지 않았다면' 혹은 '전폭적인 사랑을 받고 자랐더라면' 자신의 인생이 지금과는 달라졌을 거라고 생각하는 것이다. 물론 부모의 영향은 크다. 그러나 지금 살기 힘들다 해도 그 원인을 부모에게 돌려서는 안 된다. 부모를 탓한다고 한들 무엇도 바뀌지 않기 때문이다.

똥파리

가장 최소한의 사회적 단위이자 출발 지점이기도 한 가족. 그러나 사랑과 행복으로 넘쳐 나야 할 그 내밀한 사적 공간이 오히려 폭력과 정서적 학대로 얼룩지면서 누군가의 행복을 방해하는 아픔의 울타리가 되기도 한다. 가정 내 폭력과 가난, 그 대물림이라는 사회 문제의 어두운 단면을 거칠면서도 아프게 헤집는 영화 〈똥파리〉(양익준, 2008)를 소환한다.

폭력을 일삼던 아버지 밑에서 자란 '상훈'은 아버지의 행태를 그대로 답습하며 욕과 주먹만이 세상의 전부인 양 다른 이들에게 폭력을 행사하며 깡패로 살아간다. '가족'이라는 이름이 남긴 상처와 분노 그리고 거대한 슬픔의 도가니 속에서 울분도 연민의 감정도 오롯이 폭력의 언어로만 표출하는 상훈. 그가 자기를 옭아매는 결핍과 분노의 사슬을 끊어 낼 작정을 하고 철학자를 찾아간다. 상훈은 그 불행한 폭력의 대물림을 끊고 가족 그리고 세상과 연대하며 살아갈 수 있을까?

상훈 누굴 때리는 새끼는 있잖아. 지가 안 맞을 줄 알거든. 근데 그 새끼도 언젠가 맞는 날이 있어. 근데 그날이 재수 없게도 오늘이고, 때리는 새끼가 좆같은 새끼네. 관객도 있고.
그러니까 빌린 게 있으면 제때 갚아야지 그걸 왜 묵혀 둬. 나 같은 새끼 찾아오게.

채무자 잘못했어요. 한 번만 봐주세요.

상훈 이 나라 애비들은 지 가족들한테만 김일성같이 굴라고 그래. 니가 김일성이야?

상훈 지금 하는 일을 그만둘까 해.

철학자 무슨 일을 하는데요?

상훈 빌려준 돈을 회수하는 일이야.

철학자 은행원인가요?

상훈 나한테 시비 거는 거야?

철학자 제가 당신에게 시비 걸 이유는 없습니다.

상훈 선생은 나 같은 인간을 만나 본 적이 없을 거야.

철학자 '나 같은'이라니요? 전 상훈 씨가 어떤 사람인지 모르는
      데요.

상훈 그러니까 남에게 소리 지르고 욕하고 폭력도 휘두르는
      사람이지.

철학자   그렇게 안 보이는군요.

상훈   나도 사람 가려 가며 대하거든.

철학자   언젠가 한밤중에 이런 전화를 받은 적이 있습니다. 지금 당장 사과하러 오라고.

상훈   무슨 일이 있었는데?

철학자   우리 집에 볼일이 있어서 찾아온 어떤 사람을…….

상훈   사채업자?

철학자   아니에요. 저한테 지금 시비 거는 건가요?

상훈   그건 아니고. 그래서 무슨 일이 있었는데?

철학자   우리 집 개가 그 사람을 물었습니다.

상훈   개라면, 치와와?

철학자   꽤 도발적이군요. 셰퍼드입니다. 팔에 살짝 이빨 자국이

나쁜 기억을 지워드립니다

난 정도로 피가 날 만한 상처는 아니었습니다. 당장 그 자리에서 사과했어요. 제가 병원에 가자고 했지만 그 사람은 극구 괜찮다면서 그냥 돌아갔습니다.

그런데 며칠 뒤 그 사람 상사인지 뭔지 하는 사람이 한밤중에 전화를 걸어 "당신네 개가 우리 젊은 직원한테 큰일을 저질렀다 들었으니, 지금 당장 여기로 사과하러 오쇼" 하더군요.

상훈 그래서 선생은 어쨌는데?

철학자 "이런 늦은 시간에 어떻게 갑니까? 더구나 댁이 어딘지도 모르는데요"라고 했죠.

상훈 나 같으면 그런 놈은 바로 작살을 내는데.

철학자 제가 사과를 하러 가더라도 꼭 그 시간에 가야 할 것까지는 없잖아요? 그런데 그는 자기 집 주소를 알려 주면서 "어쨌든 지금 당장 사과하러 오라니까"라고 일방적으로 말하고는 전화를 끊었습니다.

상훈 그다음에 어떻게 했는데?

철학자 한밤중에 자전거로 한 시간 동안 길을 달려 그 집으로 쳐들어갔습니다.

상훈 쳐들어가다니, 제법 용감하네.

철학자 상대가 우리 집으로 찾아오기라도 하면 곤란하니까요. 아이들도 있는데.

상훈 자식들 앞에서 못난 꼴 보이기 싫었던 거 아냐? 평소에는 애들 앞에서 거들먹거리는데, 자식이랑 마누라 앞에서 울면서 비는 꼬락서니를 보이고 싶지 않았던 거겠지.

철학자 저는 사람에 따라 태도를 바꾸지 않습니다. 상훈 씨와는 달라요.

상훈 뭐라고?

철학자 아직 이야기가 안 끝났어요. 그곳에 도착했더니 그 남자는 험악하게 생긴 데다 술까지 마셨는지 얼굴이 붉었는데, 저를 보는 순간 흠칫 놀라더군요. 찰나였지만 저는 그 순간을 놓치지 않았지요.

상훈   꽤 냉철하군.

철학자   그 남자는 제게 "당신 거기에 앉아 봐" 하더니 서슬 퍼런 목소리로 "사람을 무는 개는 죽여 버려야 해"라며 펄펄 날뛰었죠. 어쨌든 개가 그 사람의 직원을 문 일에 대해서는 당연히 사과했습니다. 그런데 그 남자가 이렇게 말했을 때 이상하단 생각이 들었습니다.
"설날 전이라 한창 바쁜데 우리 직원이 당신네 집 개한테 다리를 물렸다면서 일을 못 나오겠다고 하고 있잖아, 지금."
"잠시만요. 우리 개가 그 젊은 직원을 물긴 했지만 다리가 아니라 오른쪽 팔꿈치였습니다."

상훈   그런 상황에서 말대꾸를 하다니. 안 무서웠나 보네?

철학자   무섭거나 말거나 일단은 그쪽에서 한 말이 사실과 달랐으니까요.

상훈   그래서 어떻게 됐는데?

철학자   상훈 씨는 자기 이야기를 하러 오신 거 아닌가요?

상훈   괜찮으니까 계속해 봐.

철학자   30분 정도 실랑이가 이어졌지요. 저는 끝까지 물러서지 않았습니다. 그러던 중 갑자기 그 남자가 "알았어. 당신은 나쁜 사람이 아니야"라며 자기 부인에게 술을 가져오게 하더니 같이 술잔을 주고받았어요.
그러다 그 사람이 제가 진실을 말하고 있다는 것과 단지 젊은 직원이 일을 쉬고 싶어서 사실과 다르게 이야기를 과장해 보고했다는 걸 안 거죠. 거기에 덧붙이기를 지금까지 사과를 받겠다고 몇 번 전화를 건 적이 있었는데, 정말로 찾아온 사람은 제가 처음이었다더군요. 그 사람이 저를 보고 놀란 건 그 때문이었습니다.

상훈   나 같으면 사과하러 온 놈을 보자마자 때려눕혔을 거야. 근데 왜 그 남자가 태도를 바꿨는지 알 것 같네. 내가 큰소리를 치면 다들 겁부터 집어먹지. 생트집을 잡으며 난리를 쳐도 무서워서 아무 말도 못 해. 그런데…….

철학자   그런데?

상훈   그러는 날 겁내지 않고 내 말에 반박하는 사람이 있더라고. 선생처럼. 그것도 새파란 여고생이 말이야. 그걸 보고 난 그동안 내가 살아온 방식이 틀렸던 게 아닐까 의심하게 됐어.

철학자 상훈 씨가 살아온 방식 중 어떤 점이 틀렸다고 생각하게 된 거죠?

상훈 요즘 이런 식으로 사는 게 싫다고 절실히 느끼곤 해. 예전에는 내가 욕하고 소리를 지르면 다들 겁내는 모습을 보고 나 자신이 뭔가 대단해진 것 같은 기분이 들었지. 근데 언젠가부터 아무도 나를 진짜 '나'로 대하지 않는다는 걸 깨달았어. 뭐라 설명할 순 없지만, 나란 사람이 아니라 내 '힘'에 굴복하는 것 같은 느낌이랄까.
지금은 내 힘만 믿고 젊은 놈들을 때리곤 하는데, 언젠가 내가 약해져서 힘이 없다는 걸 알면 반대로 젊은 놈들에게 내가 두들겨 맞을지도 몰라.

철학자 가정에서도 그런 일이 흔히 벌어집니다. 부모가 아이를 때리면서 키우거나, 때리지는 않아도 심하게 야단치며 키우는 집이 있지요. 그런데 언젠가 아이가 커서 자기가 부모보다 힘이 세다는 것을 깨닫는 날이 옵니다. 그럼 이번엔 자식이 부모를 두들겨 패게 됩니다.

상훈 그런데 내가 아무리 트집을 잡아도, 아무리 소리를 지르고 욕해도 겁내지 않고 나한테 대들면서 자기 생각을 이야기하는 사람을 처음 봤어. 그것도 어린 여자애가 말이야. 순간 그 애가 나를 진짜 나로 대하고 있다는 생각이 들더군.

철학자 나를 진정한 나, 있는 그대로의 나로 봐 주는 사람이 있다는 건 행복한 일입니다. 그런 사람 앞에서는 허세를 부리지 않아도 되고, 객기를 부리지 않아도 됩니다.
지금까지 상훈 씨는 평범하게 행동하면 바보 취급을 당할까 봐 소리를 지르거나 욕하거나 때려서 사람들을 겁먹게 했는데, 그런 자신을 겁내지 않는 사람이 있다는 걸 알고서는 그럴 필요가 없다는 사실을 깨달은 겁니다. 그렇지 않습니까?

상훈 듣고 보니 그러네.

철학자 자신을 과시하기 위해 욕을 하거나 폭력을 휘두를 필요가 없다는 걸 알게 된 것과 상훈 씨가 지금 일을 그만두고 싶어 하는 것에는 무슨 관련이 있습니까?

상훈 난 내가 잘나가는 것처럼 보이려고 다른 사람들을 희생

나쁜 기억을 지워드립니다

시켰어. 옛날에 우리 가족이 그랬던 것처럼 다른 많은
가족을 망쳐 놓은 거야. 그런 일은 더 이상 하면 안 된
다는 생각을 했어.

철학자 폭력은 대물림됩니다. 누군가는 멈춰야만 해요.

상훈 내가 지금과 같은 인생을 살아온 건 이런 이유도 있을
거야. 난 주위 사람이 무서웠어. 그래서 나 자신을 지켜
야겠다고 생각했지.
그런데 날 있는 그대로 대해 주는 사람이 있다는 걸,
솔직하게 말해 주는 사람이 있다는 걸 알고 나서부터
세상이 다르게 보이기 시작했어.

철학자 어떤 식으로요?

상훈 뭐라 말할 순 없지만 이 세상이, 주위 사람들이 귀엽고
사랑스럽다…… 뭐 그런 느낌이랄까. 얼마 전 간만에,
아니 처음일지도 모르겠는데 마음속 깊은 곳에서 진심
으로 웃음이 터져 나왔어. 미움밖에 느낀 적이 없는 나
란 사람이, 계속 살았으면 좋겠다고 생각했거든.
선생, 사람이 정말 변할 수 있을까?

철학자 물론 변할 수 있지요. 지금 이 순간에도.

상훈 비웃지 마.

철학자 비웃지 않았어요. 남들이 어떻게 생각할지 신경 쓰는
        건 그만두는 게 좋아요.

상훈 나에게도 가족이 있으면 좋겠어.

🎞️

아이들은 부모의 도움 없이 혼자 살 수 없다. 태어난 지 얼마
안 된 아기는 더욱. 또한 아이는 힘이 없으니 부모의 영향을 받
지 않을 수 없다.

아이가 어릴 때 부모에게 학대받으며 자라면 그 결과는 심각
할 수 있다. 학대당한 아이는 어른이 되어서도 일이나 인간관계
같은 인생의 과제에 제대로 대처할 수 없게 된다. 그리고 그런
아이가 자라 어른이 되어 역학 관계가 역전되면 부모에게 분노
를 표출하고 폭력을 휘두르기도 한다. 부모가 자녀를 학대하는
일도, 자녀가 부모를 학대하는 일도 있어서는 안 된다. 어떻게
하면 좋을까?

현재 삶에서 겪는 고난과 불행을 모두 부모 탓으로 돌릴 때

문제는 생긴다. '부모에게 학대받지 않았다면' 혹은 '부모에게 전폭적인 사랑을 받고 자랐더라면' 자신의 인생이 지금과는 달라졌을 거라고, 이렇게 살기 힘들지는 않았을 거라고 생각하는 것이다. 물론 부모의 영향은 크다. 그러나 지금 살기 힘들다 해도 그 원인을 부모에게 돌려서는 안 된다. 부모를 탓한다고 한들 무엇도 바뀌지 않기 때문이다. 삶은 원래 고달프다.

부모가 아이에게 영향을 끼치지 않을 수는 없다. 아이 문제로 상담하러 와서 도대체 누구 때문에 이렇게 되었는지 묻는 부모에게 '그건 당신들 탓입니다'라고 말하기는 쉽다. 그런데 그렇다고 해도 부모는 아이의 인생에 영향을 주는 것일 뿐이지, 그들이 아이의 인생을 결정짓는 것은 아니다.

반대로 부모 또한 아이가 무엇을 잘못했을 때 온전히 자신들 탓이라고 하는 것도 옳지 않다. 이런 말을 하는 부모는 자식이 성공하면(성공한다는 게 뭔지는 불분명하지만) 자신들 덕택에 성공했다고 할 것이 틀림없기 때문이다. 하지만 그건 실은 자녀 스스로 노력한 덕분이다.

자녀가 문제를 일으키거나 성공한다고 해도 부모는 영향을 끼치는 것 이상의 일을 한 것이 아니다. 이 점을 강조하는 것은 자식 일 때문에 필요 이상으로 자신을 탓하는 부모가 죄책감과 부담감을 내려놓고 조금이나마 편안해지기를 바라기 때문이다.

부모가 되는 순간 곧바로 육아를 잘할 수 있는 사람은 없다. 아기는 한밤중에 깨면 밤새도록 울고 보채기도 한다. 애써 만든 음식을 먹지 않기도 한다. 자라면서는 말을 안 듣고 공부를 안 해 부모를 초조하게 만들기도 한다. 그러다 참을 수 없어지면 부모는 아이에게 호통을 친다. 개중에는 결국 아이에게 손을 드는 부모도 있다.

그래도 자식을 사랑하지 않는 부모는 없다. 이따금 부모가 자신을 사랑하지 않는다고 생각하는 사람도 있지만 자식의 출생을 반기지 않는 부모는 없을 것이다. 다만 자식을 어떻게 사랑해야 할지 모를 뿐이다. 사랑하는 법을 모르는 부모는 나쁜 부모가 아니라 서툰 부모다. 그러니 부모의 양육 방식이 현재 자신의 삶을 힘들게 만든 원인이라고 생각한다면, 그로 인해 부모에게 분노를 터뜨리거나 폭력까지 휘두르는 사람이라면 반드시 이 점을 인지했으면 한다.

어릴 적 부모의 사랑을 받았는지 여부는 그 후의 인생을 살아가기 힘들게 만드는 원인이 아니다. 설사 부모에게 사랑받지 못했거나 학대당한 것이, 거기까지는 아니더라도 부모에게 이상적인 교육을 받지 못한 것이 현재 자신의 고통스러운 삶에 영향을 미쳤을지라도 과거로 돌아갈 수는 없는 노릇이다. 그러니 부모 탓을 해 봤자 삶의 고통에서는 헤어날 수 없다. 지금 겪는 문제의 원인을 과거에서 찾는 건 아무 소용없는 짓이다.

마찬가지로 부모를 사랑하지 않는 자식 또한 없다. 부모가 자신을 아무리 불행하게 하더라도 아이는 부모를 사랑한다. 부모에게 학대받으며 자란 사람조차 누가 자기 부모를 비난하면, 그런 부모였지만 좋은 점도 있었다고 강하게 반발하곤 한다.

부모가 자식을 학대하는 일은 없어야 하지만 그런 일이 벌어지는 데는 폭력의 대물림이란 요소가 한 가지 이유로 작용한다. 자녀를 학대하는 부모 또한 어린 시절 자신의 부모에게 학대받았을 가능성이 높다. 이런 사람은 자신이 부모에게 사랑받으며 자랐다고 생각하고 싶어 하며, 그것을 확신하기 위해 자기 아이를 학대한다. 학대하더라도 여전히 자신이 아이를 사랑하고 있다고 생각하면, 자기 부모 역시 자신을 키울 때 폭력을 행사했지만 자신을 사랑했던 것이라고 생각할 수 있기 때문이다. 반대로 부모에게 분노를 터뜨리고 폭력을 휘두르는 자식 역시 자신이 부모를 사랑한다고 확신하면서 자기가 그런 짓을 하더라도 부모 또한 자신을 사랑해 주리라 생각한다.

이런 식으로 학대는 대물림된다. 우리는 이 학대의 사슬을 끊어야 한다. 그렇다면 어떻게 해야 할까?

먼저 왜곡된 방식으로 사랑을 확인하지 말아야 한다. 자녀에게 조언하자면, 아이를 키우는 것이 얼마나 어려운 일인지 알아야 한다. 이는 실제로 아이를 키워 보면 쉽게 이해가 되는데, 그런 경험이 없더라도 주변에서 아이를 키우는 가정을 살펴보면 이해가 될 것이다. 동시에 아이가 때때로 힘에 부치는 벅찬 존재여도 부모는 그런 아이의 존재 자체로 치유받는다. 이 사실을 깨우치면 자신도 어렸을 때 부모에게 사랑받으며 자랐음을 알 수 있을 것이다.

두 번째로 과거로 거슬러 올라가는 것을 그만둬야 한다. 부모든 자식이든 당시에는 상대를 사랑하는 법을 몰랐을 뿐이니 앞으로 관계 쌓는 법을 바꾸면 되는 것이다. 이를테면, 부모와 자녀가 서로에게 어떤 것을 해 줬으면 하는 점과 하지 말아 줬으면 하는 점을 말로 표현하는 방법이 있다.

어릴 적 부모에게 분노를 터뜨리며 폭언과 폭력까지 행사했던 어떤 청년이 성인이 되어 부모에게 경제적으로 도움을 받아야 하는 상황에 놓였다. 이제 와서 부모에게 고개를 숙일 수 없다고 버티는 그 청년에게 나는 그러지 않아도 되니 다른 방식으로 부탁해 보라고 조언했다. 그는 용기를 내어 부모에게 이렇게 말했다. "20년간 저를 키워 주셔서 감사합니다." 부모와 자녀 어느 쪽이든 지금까지와는 다른 말로 표현을 하면 관계는 반드시 변해간다.

그렇게 과거에서 해방되어 서로의 의사를 말로 확인해 나간다면 (하루아침에 모든 것이 확 바뀌지는 않겠지만) 그 전까지 괴로운 고민거리이자 불행의 씨앗이었던 관계가 바뀌어 간다. 그리고 생의 기쁨과 행복은 인간관계 속에 있음을 헤아리게 된다. 인간은 누구도 고아가 아니다.

나이 든
부모를
사랑하는 방법

철학자의 말

자식들은 부모와 함께 살았던 삶을 잊지 않는다. 거기에는 비단 좋은 추억만 있는 것은 아니다. 그런데 이제 눈앞의 부모는 예전과 달리 늙은 모습이다. 또 자신의 나이 듦을 받아들이기 힘겨워하는 연약한 부모다. 그런 부모와 어떻게 마주하면 좋을까? 그런 부모를 어떻게 해야 사랑할 수 있을까?

수상한 그녀 첫 번째 이야기

내 자식이 행복하고 평탄하게 살아가길 바라며 지극정성으로 키워 온 우리네 부모는 자식이 훌쩍 큰 만큼 연로해지면서 몸도 일도 마음처럼 잘 되지 않는 날이 찾아온다. 또한 자식은 한없이 크기만 한 존재였던 부모님이 늙고 약한 존재로 변하는 모습을 마주하는 게 안타까우면서도 애틋하다. 이 나이 듦의 문제를 판타지 형식으로 에둘러 그려 낸 코미디 영화 〈수상한 그녀〉(황동혁, 2014)를 소환한다.

이 '보디스위치' 영화에서는 칠순이 지난 할머니 '말순'이 스무 살 처녀 '두리'로 바뀐다. 요양원에 갈 처지에 내몰린 비루한 노인이라는 현실 대신 젊음을 얻고 눈부신 청춘으로 돌아간 두리를 중심으로 이야기는 펼쳐진다. 하지만 여기서는 판타지를 걷어 내고 연로한 어머니와 아들 부부의 관계에 초점을 맞춘다. 어머니가 집을 나간 사건을 계기로 나이 든 어머니와의 관계를 다시금 되돌아보는 아들 '현철'이 먼저 철학자의 방문을 두드린다. 그들의 속 깊은 대화를 통해 나이 든 부모님에 대해 함께 고민해 보는 것은 어떨까?

하나	넌 엄마 생각은 안 해? 할머니 때문에 돌아가실 뻔한 거 몰라?
지하	그래도 이건 아니지. 그렇다고 할머닐 어떻게 그런 델 보내.
하나	야, 요양원이 어디가 어때서? 요즘 요양원은 시설도 좋고 먹을 것도 잘 나오고. 할머니 같은 노인들 지내기는 더 편하대.
지하	그렇게 좋으면 반하나 네가 가서 살아.
현철	어머니, 어디 다녀오세요?

현철　어머니께서 갑자기 사라지셨어요. 제 아들과 만나기로 약속했는데 시간이 지나도 안 나타나시더니 그대로 소식이 끊기고 말았습니다. 이렇다 할 병도 없으시고 소일거리 삼아 일도 하시긴 했지만 연세가 있으셔서 걱정입니다.

철학자　왜 사라지셨는지 짐작 가는 이유가 있으십니까?

현철　어머니가 사라지시기 전에 요양원으로 모시자는 얘기가 나왔어요.

철학자　어머님은 건강하셨나요?

현철　네. 사실 어머니가 집을 나가시기 전에 아내가 병으로 쓰러졌어요. 어머니와 사이가 좋지 않아서 스트레스를 많이 받았던 것 같습니다. 의사인 제 친구가 아내를 어머니와 함께 있게 하면 안 된다고 하기에 어머니를 요양원에 모시기로 한 겁니다.

철학자   어머님이 스스로 요양원에 가겠다고 하셨습니까?

현철   아뇨, 제가 결정했습니다. 아내의 건강이 좋아지면 꼭 다시 모셔 오겠다고 약속드리고요.

철학자   어머님은 납득하셨나요?

현철   아마도요……. 연세가 많으시니 끼니 챙길 걱정을 하지 않아도 되는 쾌적한 곳에서 지내시는 게 좋겠다는 생각이었지요.

철학자   현철 씨 혼자 그렇게 생각하신 거로군요. 아까 어머님은 건강하다고 하셨잖아요? 그렇다면 스스로 당신을 돌보실 수 있고, 필요하면 현철 씨가 어머님을 돌봐 드려도 되지 않았을까요?

현철   저는 대학교수라 바빠서요.

철학자   전공 분야가 어떻게 되시나요?

현철   노인 문제를 연구하고 있습니다.

철학자   자녀는 있으십니까?

현철   네, 둘 있습니다.

철학자   그렇다면 자제분들도 나중에……. 아, 죄송해요. 이런 말씀을 드릴 생각은 없었는데. 저 역시 연로한 부모님을 간병했던 경험이 있어요. 그때 부모님께 직접 결정을 내려 달라고 이야기해도 좋을지 망설인 경우가 이따금 있었습니다.

현철   어머니께서는 분명하게 당신 생각을 말씀하시는 분이라 뭔가 불만스러운 일이 있으면 꼭 저나 가족에게 터놓고 이야기하곤 하셨습니다. 요양원에 가기 싫으셨다면 싫다고 말씀하셨을 거예요.

철학자   전문가에게 주제넘은 소리를 하는 것 같습니다만, 사람은 나이가 들면 약해지기 마련입니다. 내가 다른 가족들에게 폐를 끼치는 것이 아닐까 하는 생각이 들면 집 안에 더 이상 자신이 있을 곳이 없다는 마음에 자기 의견을 강하게 피력할 수 없게 됩니다. 자기 자리가 있어야 한다는 생각은 인간에게 가장 기본적인 욕구입니다.

현철   그럼 어머니는 이 집에 더 이상 당신의 자리가 없고, 그렇다고 요양원에 들어가고 싶지도 않다는 마음에서 집을 나가신 걸까요?

철학자   그건 어머님께 여쭤봐야 알 수 있을 것 같습니다만, 어머님께서는 '부재'로 당신의 '존재'를 강하게 부각시키는 데 성공하신 듯합니다. 굴절된 방식이긴 하지만요.
현철 씨가 할 수 있는 일은 어머님이 돌아오셨을 때 당신의 자리가 있다는 생각이 들도록 해 드리는 겁니다. 특별한 일을 하지 않아도, 그냥 있는 그대로 계시기만 해도 말이죠.

현철   구체적으로 제가 뭘 할 수 있죠?

철학자   본인은 스스로 할 수 있다고 생각하는데 자식이나 주위 사람들이 그럴 수 없는 사람으로 생각한다는 것을 알면 실망하고 상심하기 마련입니다. 앞으로 더 나이가 들수록 할 수 없는 일이 점점 늘어날 테죠.
그래도 자식은 부모님이 스스로 할 수 없다고 단정 짓지 말아야 합니다. 특히 부모님이 판단해야 할 일이라면 아무리 자식이라도 마음대로 결정을 내려서는 안 됩니다. 연로하신 부모님께 결정을 맡길 수만은 없다고 고민하는 일이 늘어나겠지만, 원칙은 그래야 합니다.

현철   어머니는 평생 고생만 하셨어요. 그런 어머니를 위해 저는 꼭 효도하겠다고 마음먹었죠. 다행히 대학교수가 되어 안정된 생활을 꾸릴 수 있게 됐습니다.

철학자   어머님은 현철 씨가 대학교수가 된 것을 자랑스럽게 여기셨나요?

현철   누구에게든 제 자랑을 하고 다니셨죠.

철학자   그럼 만약 대학교수가 되지 못했다면 어땠을까요?

현철   분명 크게 실망하셨을 거예요. "내가 너를 어떻게 키웠는데"라고 저를 원망하며 낙담하셨을 겁니다.

철학자   그럴까요?

현철   어머니는 제가 출세하는 걸 인생의 낙으로 생각하며 살아오신 분이에요.

철학자   저는 그렇게 생각하지 않습니다. 만약 현철 씨의 자제분들이 현철 씨가 원하는 대로 인생을 살지 않는다면 비난하거나 원망하실 건가요? 자식에게 자신의 기대를 강요할 겁니까?

현철   우리 애들은 제 이해의 범주를 넘어서는 삶을 살려고 하고 있습니다. 아내는 반대하고 있지만요.

철학자   현철 씨는요?

현철   솔직히 말씀드리면 자식들이 번듯한 직장에 취직했으면 좋겠어요. 그런데 아들은 뮤지션이 되고 싶어 하죠.

철학자   아드님에게 그만두라고 할 생각은 없나요?

현철   네, 얼굴을 마주 보고는 말 못 하겠어요.

철학자   자녀들에게 미움받고 싶지 않은 거군요.

현철   무슨 말씀이시죠?

철학자   제가 학생일 때 아버지께서 제 삶의 방식에 반대했던 일이 문득 떠올랐어요. 저는 철학을 공부하려고 했는데 반대하셨습니다. 아버지는 어머니께도 안 된다고 하라고 말씀하셨더군요.

현철 그때 선생님의 어머님은 어떻게 하셨습니까?

철학자 어머니는 아버지께 이렇게 말씀하셨다고 합니다. "그 애가 하는 일은 모두 옳아요. 그러니 우린 그냥 지켜보기로 해요"라고요. 그래서 저는 철학을 공부할 수 있었던 겁니다. 물론 아버지께서 반대하신다고 해서 제 의지를 굽히진 않았을 테지만요. 현철 씨 어머님은요?

현철 우리 어머니요?

철학자 네, 손주들의 삶에 대해 어떻게 말씀하셨습니까?

현철 어머니는 언제나 손주들 편이셨어요. 그래서 아내와 계속 갈등을 빚었죠. 어머니가 아내의 교육 방침에 참견하셨기 때문에요.

철학자 현철 씨가 대학교수가 아니라 뮤지션이 되려 했다면 어머니께서 반대하셨을까요?

현철　틀림없이 심하게 반대하셨을 거예요.

철학자　그래요?

현철　어머니는 젊은 나이에 아버지와 사별하셨습니다. 그때 저는 어머니 배 속에 있었기 때문에 아버지 얼굴을 실제로 본 적이 없어요. 어머니는 혼자 힘으로 저를 키우셨습니다. 제가 대학교수가 됐을 때 어머니는 누구보다 기뻐하셨죠. 제가 뮤지션이 되고 싶다고 했다면 격노하셨을 겁니다.

철학자　그럴까요? 손자가 뮤지션이 되려는 데는 반대하지 않으셨잖아요?

현철　자식과 손주는 다르죠.

철학자　그렇지 않습니다. 어머님한테는 자식이나 손주나 매한가지입니다.

현철　잘 이해가 가지 않는데요.

철학자　현철 씨는 어머님의 기대를 충족시키기 위해 살아오진 않았겠죠?

현철 글쎄요. 적어도 고생스럽게 키워 주신 어머니께 은혜를 갚아야겠다고 생각하며 살아온 건 사실입니다. 저는 더 이상 어머니를 고생시키고 싶지 않았습니다.

철학자 그런 마음에 현철 씨가 대학교수가 됐을지는 모르지만 뮤지션이 되려고 했다더라도 어머님께서는 분명 현철 씨를 똑같이 응원하셨을 겁니다.

현철 왜죠?

철학자 많은 부모가 자식이 인생에서 뭔가를 성취하기를 바랍니다. 하지만 그런 부모라도 아이가 태어났을 때부터 그런 기대를 했을 리는 없겠죠. 아이가 세상에 태어난 것 자체만으로 부모는 마냥 기뻤을 겁니다. 부모에게는 아이가 단지 살아 있는 것만으로도 삶의 기쁨입니다. 아이는 살아 있는 것만으로도 부모에게 공헌하고 있는 겁니다.
그중에는 허약한 아이, 병에 걸린 아이, 생사의 갈림길에 선 아이도 있겠죠. 그런 아이에게 부모는 결사적으로 애타게 호소합니다. 제발 목숨만은 놓지 말아 달라고 하면서요.

현철   어머니도 그런 심정으로 절 낳고 키우셨을까요?

철학자   물론이죠. 현철 씨는 대학교수가 됐기 때문에 어머님께 은혜를 갚은 게 아닙니다. 애당초 자식은 부모로부터 받은 것을 되돌려줄 수 없습니다.
어머님은 그저 현철 씨가 잘 자라 주는 것만으로도 기쁘셨을 겁니다. 대학교수가 되지 않았다 해도 비난하는 일은 결코 없었을 거예요.

현철   어머니께서 집에 돌아오시면 제가 살아 있는 것만으로도 기쁨을 느끼셨는지, 그리고 대학교수가 되지 않았더라도 비난하지 않으셨을지 여쭤보고 싶네요.
선생님과 이야기를 나누다 보니 굳이 여쭤볼 필요도 없이 어머니께선 기뻐하셨을 거고, 제가 어떤 인생을 선택하든 다 받아들이셨을 거라 깨달았지만요.
어머니께서 제게 그러신 것처럼 저도 당신께서 앞으로 어떻게 되시든, 그러니까 뭔가를 잘 못하시게 되더라도 살아 계신다는 것 자체를 감사하게 여길 겁니다.

철학자   꼭 그래 주시길 바랍니다. 저는 현철 씨 어머님이 젊을 때 고생하셨다고 해서 불행한 삶을 살았다고 생각하지 않아요. 무엇보다 현철 씨를 만난 것이 큰 기쁨이셨을 겁니다. 아무리 힘들었다 해도 현철 씨를 만난 것만으로 어머님의 인생은 행복했다고 할 수 있어요.

현철 　지금 제 아들한테 좀 가 봐야겠어요.

철학자 　아드님께 무슨 일이라도 생겼나요?

현철 　아들 녀석이 밴드 연습을 하는 데 들러서 격려라도 해 줘야겠어요.

　나의 아버지는 말년에 치매를 앓으셨다. 그때 아버지는 짙은 안개 속에서 살고 계신 것 같았다. 그러다 가끔씩 갑자기 안개가 걷히면서 맑게 개는 순간이 찾아오곤 했다. 어느 날 아버지께서 이렇게 중얼거리셨다. "잊어버린 건 어쩔 수 없어."

　아버지가 하신 말씀은 과거는 아무래도 상관없다는 의미가 아니었으리라. 스스로 '잊은' 게 아니라 어쩔 수 없이 '잊어버린' 것이라고 하신 건 우연이 아니다. '잊어버려서는 안 되는 것을 잊었다'는 뜻이기에.

아버지는 오랜 세월 함께한 아내를 잊었다. 하지만 아버지께 어머니에 대한 기억은 잊어서는 안 될 일이었을 것이다. "잊어서는 안 돼, 떠올리고 싶어, 하지만 기억나지 않아." 아버지는 계속해서 이렇게 말씀하셨다. "할 수만 있다면 처음부터 다시 시작하고 싶어." 아버지께서 "잊어버린 건 어쩔 수 없어"라고 하셨을 때 그것은 체념이 아니라 잊어서는 안 되는 것을 생각해 낼 수 없는 현실을 받아들이려는 각오의 표명이었다.

자식들은 부모와 함께 살았던 삶을 잊지 않는다. 거기에는 비단 좋은 추억만 있는 것은 아니다. 그런데 이제 눈앞의 부모는 예전과 달리 늙은 모습이다. 또 자신의 나이 듦을 받아들이기 힘겨워하는 연약한 부모다.

그런 부모와 어떻게 마주하면 좋을까? 그런 부모를 어떻게 해야 사랑할 수 있을까? 첫째, 과거는 흘려보내 버리고 부모와 처음부터 다시 관계를 시작하는 것이다. 과거에 무슨 일이 있었다 한들 이제 와 문제 삼아 봤자 어쩔 수 없는 법이다.

둘째, 부모를 존경하는 것이다. 존경respect이란 말의 어원인 라틴어 레스퍼치오respicio에는 '보다'라는 의미가 있다. 에리히 프롬은 자신의 책 《사랑의 기술》에서 존경이란 '어떤 사람을 있는 그대로 보고 그 사람이 유일무이한 존재임을 아는 능력이다'라고 말한다. 이상적인 모습과 비교해 점수를 깎는 감점법으로 사고하지 말고 있는 그대로 부모를 받아들여야만 한다.

에리히 프롬은 나아가 이렇게 말한다. 존경이란 '사랑하는 사람이 나를 위해서가 아니라 자기 자신을 위해서 자기 나름의 방식으로 성장해 주기를 바라는 것'이라고. 부모가 부모 자신을 위해 살아가길 바라는 마음이 곧 존경이라는 것이다.

셋째, 부모의 공헌에 대해 감사하다고 말하는 것이다. 인간은 누군가에게 도움이 된다고 느낄 때 자신이 가치 있다고 생각한다. 부모님의 행위뿐 아니라 존재, 살아 계신다는 것 자체에 고맙다는 말을 건네 보라. 화나는 일이 있어도 어쨌거나 이렇게 함께 하루를 보낼 수 있다는 사실만으로 감사한 일이기 때문이다.

부모에게 사랑받기를 갈구해 온 사람이라면 지금이라도 늦지 않았다. 자신이 먼저 부모를 사랑하기 바란다.

며느리 사표를
쓰고 싶은
밤

철학자의 말

사람들은 보통 서로 소통이 잘된다고 느낄 때 상대방에게 호감을 가진
다. 이는 능숙하게 말하는 차원의 문제가 아니다. 상대가 무엇을 느끼고,
무엇을 생각하는지 에둘러 떠보지 않고 직접 교감할 수 있다는 뜻이다.

수상한 그녀 두 번째 이야기

가족 내에서 가장 비슷한 조건과 처지에 놓여 있지만 일상에서 늘 불화와 긴장, 갈등을 빚는 첨예한 대립 관계를 대표하는 존재가 바로 며느리와 시어머니다. 시어머니와 며느리는 아들(남편)을 둘러싼 라이벌 관계인 동시에 누군가의 아내이자 엄마 그리고 며느리라는 동질감으로 연민과 연대가 가능한 관계이기도 하다. 영화 〈수상한 그녀〉에서는 이러한 '고부 갈등'을 서사의 주요 키워드로 다룬다. 판타지를 바탕으로 한 가족 코미디인 탓에 해결 방식에서는 다소 두루뭉술한 측면이 없지 않다.

며느리 '애자'는 유복자인 남편을 키우느라 모든 삶을 희생해 온 시어머니 '말순'의 간섭과 참견이 힘겹다. 자신의 삶에서 시어머니가 조금만 물러나 주기를 바라는 며느리 애자가 철학자를 찾는다. 서러움 토로와 하소연 쏟아내기를 넘어 고부 관계를 건설적인 방향으로 이끄는 철학자와 애자의 대화에 귀 기울여 주기를 청한다.

말순   너는 왜 아침부터 애 기를 죽이고 그러냐? 그라고 니가 뭔 고생을
        한다고? 집에서 남편이 벌어다 주는 돈으로 살림만 하는 애가⋯⋯.

애자   어머니, 지하 이제 곧 졸업반이에요. 취직 준비도 해야 되고⋯⋯.

말순   가수가 뭔 딴따라냐? 요즘은 가수가 외국에다 나라 알린다고 훈
        장도 받는다는디.

애자   어머니, 애들 교육은 저한테⋯⋯.

애자   어머님이 갑자기 사라지셨어요.

철학자   짐작 가는 일이라도 있습니까?

애자   결혼하고 난 뒤로 어머님과 줄곧 부딪쳤어요. 제가 어머님께 좀 심한 말을 했는데 그 일로 속상해 집을 나가신 건 아닌가 싶어 가슴이 아파요.

철학자   무슨 일로 갈등을 겪었나요?

애자   남편 일과 아이들 교육 때문에요. 어머님은 홀몸으로 아들을 대학교수로 키우신 분이에요. 고생하신 이야기도 여러 번 들었고요.
하지만 어머님은 사사건건 저를 심하게 타박하세요. 그럴 때 남편이 제 편이 돼 주면 좋겠는데 남편은 괴로워하는 저를 조금도 지켜 주지 않아요. 그러기는커녕 오히려 저보다 어머님을 더 소중하게 생각하죠.

철학자   계속 참고 지내 온 건가요?

애자   네, 그랬어요. 그러다 얼마 전에 쓰러져 입원까지 했어
       요. 그제야 남편은 제가 스트레스로 쓰러진 걸 알고 잠
       시 어머님을 요양원에 모실 준비를 해 뒀죠. 그런데 제
       가 건강을 회복하면 없었던 일이 되는 게 아닐까 걱정
       하던 찰나에 어머님이 집을 나가셨어요.

철학자   애자 씨는 남편을 사랑하죠?

애자   그럼요.

철학자   애자 씨가 할 수 있는 일은 남편을 사랑하는 것뿐입니
       다. 아내는 모자 관계에 개입할 수 없어요.

애자   남편이 저보다 어머님을 더 사랑하더라도 어쩔 도리가
       없다는 말씀인가요?

철학자   그렇습니다. 세 사람을 꼭짓점으로 한 삼각형을 떠올리
       면 더 쉽게 이해할 수 있을 겁니다. 애자 씨는 자신과 남
       편 사이, 자신과 어머님 사이에만 관여할 수 있을 뿐입
       니다. 남편과 어머님의 관계와는 접점이 없기 때문에 둘
       사이에 참견할 수 없어요. 애자 씨는 어머님과의 관계가
       어떻든 그저 남편을 사랑하면 됩니다. 어머님은 아들을

사랑하고 남편도 어머님을 사랑하겠지만 그건 어찌할
도리가 없어요. 두 사람의 사랑에 끼어들 수도 또 그럴
필요도 없습니다.

남편에게 "난 당신이 나보다 어머님을 더 아끼고 사랑
하는 게 괴로워"라고 해 봤자 남편은 당황스러울 따름
이죠.

애자   그런 식으로 딱 잘라서 결론을 내리긴 꽤 어려울 것 같
은데요.

철학자   안타깝지만 남편과 애자 씨 사이의 사랑과 어머님과 아
들 사이의 사랑 역시 비교할 수 없습니다. 어느 쪽을 더
사랑하는지 비교할 수 있다고 생각하기 때문에 괴로워
지는 겁니다.

애자   그럼 어떻게 해야 좋을까요?

철학자   비교하기를 그만두는 겁니다. 만일 애자 씨와 남편, 어
머님과 아들의 사랑이 양적인 것이라면 어느 쪽이 더
많이 사랑하는지 비교할 수 있겠죠. 하지만 사랑은 양
으로 측정할 수 없습니다. 남편이 어머님을 사랑한다고
해서 애자 씨에 대한 사랑이 줄어드는 건 아니에요. 그

리고 사랑의 질 또한 다릅니다.

애자   어떻게 다른가요?

철학자   부모는 자식을 무조건적으로 사랑합니다. 부모는 아이가 살아 있다는 것만으로도 감사히 여기지 않습니까?

애자   그렇지만 어머님은 그렇지 않으신 것처럼 보이는데요. 남편은 어머님의 기대에 부응하기 위해 열심히 공부해서 대학교수가 됐죠. 그런데 만약 남편이 대학교수가 되지 못했다면 어머님께 사랑받지 못했을 거란 생각이 들어요. 언제나 당신 아들이 국립대 교수라는 걸 모두에게 자랑하시니까요. 부모의 기대에 못 미치는 아이는 어떻게 될까요?

철학자   자식이 살아 있는 것만으로 감사히 여기며 조건 없이 사랑해 온 부모가 언제부터인가 자녀에게 특별함을 요구하게 됩니다. 가령 아이가 좋은 학교에 들어가기를 바라며 기대를 하는 거죠.
그런 부모의 기대를 충족시킬 수 없다고 생각하면 아이는 사랑받기 위해 오히려 부모를 힘들게 하기도 합니다. 부모의 애정을 왜곡된 형태로 얻으려고 하는 거죠.

애자　　우리 아들은 뮤지션이 되겠다고 합니다. 취직을 해야 하는데……. 그게 저에게는 또 큰 걱정거리예요.

철학자　　뮤지션으로 살면 안 된다는 조건을 다는 걸 보니 애자 씨는 아드님의 뜻을 무조건 받아들이지는 않는군요.

애자　　전 아이를 생각해서 그러는 거예요. 성공하기 어려울 것 같으니까요. 음악 같은 거 하지 말고 그냥 저는 아이가 평범한 인생을 살았으면 좋겠어요. 저는 아들에게 특별한 걸 바라지 않아요.

철학자　　설령 그렇더라도 뮤지션이 아닌 삶을 살라고 아들에게 명령하는 것이나 마찬가지입니다. 세상에 태어난 아드님과 처음 마주했을 때는 '아들아, 넌 이런 삶을 살아라' 하고 생각하지 않으셨죠?

애자　　……어머님은 손자한테 너무 오냐오냐하세요. 그래서 뮤지션이 되는 것도 응원하시고요. 전 어머님이 그런 식으로 제 교육 방침에 참견하고 간섭하는 게 싫어요. 선생님 말씀대로 하자면 어머님은 저와 아들과의 관계에 끼어들 수 없는 거잖아요?

철학자   맞습니다. 그런데…….

애자   그런데요?

철학자   애자 씨도 아드님의 인생에 이래라저래라 해서는 안 됩
        니다.

애자   전 부모잖아요?

철학자   인생을 어떻게 살 것인지는 자녀 스스로 결정할 일입니
        다. 부모라도 자식의 인생에 간섭할 수는 없어요.

애자   그럼 자식이 실패할 걸 빤히 알면서 손 놓고 방관하라
        는 말씀이신가요?

철학자   가수로 성공할지도 모릅니다. 어쩌면 나라에서 훈장을
        줄 수도…….

애자   선생님까지 어머님과 똑같은 말씀을 하시는군요.

철학자   성공할지 실패할지는 아무도 장담할 수 없습니다. 애자
        씨가 부모로서 할 일은 아드님이 뮤지션으로 성공하지

못했을 경우 필요하면 아드님에게 힘이 되어 주는 것이지, 안전한 인생을 살라고 강권하는 것은 아닙니다.

만약 아드님이 애자 씨가 권한 삶을 산 후, 몇 년이 지나 후회한다면 애자 씨가 아드님의 인생을 책임질 수 있을까요? 물론 애자 씨 생각을 그대로 따른 아드님에게도 책임이 있지만요.

애자   당연히 제가 책임질 순 없겠죠.

철학자   어머님도 애자 씨와 마찬가지로 손자의 인생에 이래라저래라 할 수 없습니다. 한 걸음 물러서서 지켜보는 게 중요하다고 생각합니다.

애자   손주와 자식은 달라요.

철학자   다르지 않습니다.

애자   그래도 전 어머님이 그러시는 것을 참을 수가 없어요. 제가 어떻게 해야 할까요?

철학자   참지 않아도 됩니다. 명확하게 자신의 의사를 전하면 돼요. 분명히 말하지 않으면 상대에게는 전달되지 않습니다. 때로는 어머님이 힘들게 할지도 모르지만 누구보다 사랑하는 자기 자식의 아내를 사랑하지 않을 부모는 없어요.

애자   그럴까요?

철학자   그렇게 생각하는 게 옳다고 봅니다. 남편에게 도와 달라고 부탁해도 되고요. 그런 요청을 꺼릴 필요는 없습니다. 다만 왜 내 편이 되어 주지 않느냐고 따지기 시작하면 상대는 미안한 생각을 하면서도 마음을 굳게 닫아 버릴 수 있어요.

애자   말도 안 되는 심한 타박을 들었을 땐 어떻게 해야 하나요? 이를테면 남편이 벌어다 준 돈으로 살림만 하는 애라는 얘기를 어머님이 하시면 전 너무 분하고 서운해요. 하지만 뭐라고 대꾸할 수도 없어요.

철학자   어머님의 말씀에 반박하지 않으셔도 됩니다.

애자   좀 전엔 참지 말라고 하셨잖아요?

철학자   "네, 그이 덕분이죠"라고 하면 어떨까요? 그렇게 말할 수 없다면 "어머님은 그렇게 생각하시는군요"라고 하면 됩니다.

애자　　싸우게 되지 않을까요?

철학자　　그렇지는 않을 겁니다. 설령 싸움이 일어나더라도 참는 것보다는 훨씬 낫습니다. 며느리와 시어머니라는, 주어진 역할의 가면을 벗어 보는 것도 좋은 방법입니다.

애자　　가면을 벗는다고요?

철학자　　친구가 되는 거죠.

애자　　친구라고요?
　　　　아!

　　고부 갈등으로 힘들어하다가 상담을 받으러 오는 이들이 꽤 있다. 상담사가 "정말 힘들겠네요"라고 입을 떼면 그동안 시어머니에게 쌓인 한이라도 풀려는 듯 분통을 터뜨리고, 때로는 눈물이 그렁그렁해지며 자신이 얼마나 괴로운 일을 당했는지 쏟아낸다. 물론 고부 갈등을 겪는 이 중에는 애초에 시어머니와의 관계를 개선할 생각이 전혀 없는 사람도 있을 것이다. 하지만 불만만 늘어놓을 요량이라면 굳이 상담사를 찾을 필요가 없으므로 상담하러 오는 것은 조금이나마 관계를 개선하고 싶어서다.

상담은 누군가 하소연을 늘어놓고 그것을 상대가 들어 주는 게 아니다. 그렇기에 상담사는 처음부터 확실히 선을 그어야 한다. "과거는 더 이상 없습니다"라고 말이다. 과거에 시어머니와 있었던 불화를 아무리 이야기한들 문제가 해결되지 않는다.

실제로 과거 일 때문에 현재 관계가 원만하지 않더라도 그때로 돌아가 원인을 제거하기란 불가능한 법이다. 지난 일을 따져 봤자 앞으로 관계가 좋아질 여지는 전혀 없다. 그러니 관계를 원만히 하고 싶다면 더 이상 과거로 돌아가지 말고 앞으로 어떻게 할지를 생각해야 한다. 이 사실을 상담 첫 단계에서 분명히 밝히고 내담자를 이해시키는 것이 중요하다.

물론 며느리와 시어머니가 친해질 수 있다면 더할 나위 없겠지만 그렇게 되기까지는 많은 시간과 노력이 필요하다. 따라서 우선 얼굴을 맞대고 하루하루 일상을 함께 보낼 때 필요 이상의 에너지를 쓰지 않는 것을 관계 개선을 위한 최소한의 목표로 삼는 편이 좋다.

이 목표를 달성하려면 무엇보다 커뮤니케이션 방식이 달라져야 한다. "과거는 더 이상 없습니다"라는 말을 꺼내면 저항감을 느끼는 이가 많기 때문에 나는 "일주일 사이에 있었던 일을 이야기해 보세요"라고 요청한다. 기간을 일주일로 제한하면서 그 전에 벌어진 일은 문제 삼지 않겠다는 뜻이다. '일주일 사이에 있었던 일'이란 구체적으로 시어머니와의 의사소통을 둘러싼 일이다.

이때 막연히 심한 일을 겪었다는 식의 이야기는 문제 해결에 도움이 되지 않는다. 자신이 한 말에 대해 시어머니가 어떤 식으로 답했는지, 그에 대해 자신은 또 무슨 말로 답했는지 정확하게 들려줘야 한다. 그래야 평소 시어머니와 어떤 식으로 의사소통을 하는지 알 수 있고, 개선할 여지를 찾을 수 있다.

사람들은 보통 서로 소통이 잘된다고 느낄 때 상대방에게 호감을 가진다. 이는 능숙하게 말하는 차원의 문제가 아니다. 상대가 무엇을 느끼고, 무엇을 생각하는지 에둘러 떠보지 않고 직접 교감할 수 있다는 뜻이다.

자신이 하고 싶은 말 또는 해야 할 말을 표명하지 못할 경우 신체가 토해 내는 언어가 있다. 아들러는 자신의 책 《왜 신경증에 걸릴까》에서 이를 '기관 방언'이라고 이야기한다. 폐, 심장, 위, 배설 기관, 생식 기관 등의 기능 장애는 개인이 자신의 목표를 이루기 위해 취하고 있는 방향을 나타낸다. 상대가 해 주었으면 하는 일이나 하지 말았으면 하는 일이 있을 때 이를 말로 표명하지 못하면 몸에 증상으로 나타나 호소한다는 것이다.

가령 자기 삶의 방식을 간섭받는 아이는 부모에게 말로 반항할 수 없을 때 섭식 장애를 통해 이를 알린다. "부모라도 내 체중

만은 마음대로 할 수 없어"라고.

물론 굳이 이런 식으로 하지 않고 직접 말로 주장하는 게 좋다. 이때 서로 마찰이 일어나는 것을 피할 수는 없지만, 몸이 아프게 되는 것보다는 훨씬 바람직한 방법이다. 솔직하게 말로 표현했을 때 관계가 더 악화되는 경우도 있다. 자신이 놓인 상황을 이야기함으로써 상대에게 어떤 요구를 하거나 상대의 요구를 거절할 때다. 예를 들어 "오늘 덥네요"라는 말이 "더우니까 에어컨 좀 켜 줄래요?"라는 요구를 내포하고 있는 경우다. 이런 식으로 표현해도 상대방에게 의사가 전달된다면 괜찮다. 하지만 대부분은 제대로 이해받지 못해 결국 공격이나 복수로 끝을 맺곤 한다. 말로 자기 생각을 표현하되 간접적이지 않은 방식으로 주장하면 서로의 오해를 피할 수 있다.

이러한 커뮤니케이션이 가능할 때 비로소 두 사람, 즉 이 영화 속 며느리와 시어머니 사이에 호감이 생기는 것이지, 처음부터 호의적인 감정을 가지고 원활한 소통이 이뤄지는 것은 아니다.

나쁜 기억을 지워드립니다

내 아이를
괴롭히는
발톱만도 못한 놈들에게

부모는 아이를 위해 스스로를 희생할 수 있다. 그렇다고 아이가 이를 마냥 좋아한다고 할 수만은 없다. 부모가 자신을 희생해야 할 정도로 자식 때문에 고통받고 있음을 세상에 표명하는 것과 마찬가지기 때문이다. 많은 아이가 부모의 이런 태도와 행동을 중요하게 받아들이지 않는다. 그보다는 자신 때문에 고통받는 일 없이 부모가 행복해지기를 바랄 뿐이다.

마더

바깥세상의 거친 풍파를 온몸으로 막는 심정으로 자식을 키우고 보살피는 엄마의 지극한 사랑은 그 깊이를 가늠할 수 없다. 하물며 서른이 다 되도록 제 앞가림도 못 하는 어수룩한 자식을 둔 엄마는 오죽하랴. 영화 〈마더〉(봉준호, 2009)는 그런 모자의 이야기다. 자식을 둘러싼 비밀스러운 상처를 가슴 한구석에 묻어 둔 채 녹록지 않은 세파를 헤치며 아들 '도준'과 단둘이 살아온 엄마. 그녀는 물가에 내놓은 아이를 보듯 아들이 늘 걱정스럽고 불안하다. 그런데 그 귀한 내 새끼가 어느 날 느닷없이 살인 용의자로 체포되고, 엄마는 무죄를 확신하며 아들을 구하기 위해 사투를 벌인다.

밀도 있게 전개되던 이야기는 마침내 중대한 반전을 맞고, 끔찍한 진실과 마주한 엄마는 극단적 선택을 하기에 이른다. 모성은 집착과 광기라는 또 다른 끝을 파고들며 파국으로 치닫는다. 그리고 엄마는 그 모든 것을 덮어 버리기 위해 '망각'의 침을 놓고 춤을 춘다. 품 안의 자식을 떠나보내지 못하는 엄마와 철학자가 나누는 부모 자식 관계에 대한 깊이 있는 통찰에 귀 기울여 보기를 청한다.

엄마   뭐가 생각났어?

도준   중요한 거. 엄마가 나 죽이려고 했던 거. 다섯 살 때 맞지?
         그때 나 죽이려고 박카스에 농약 타서 먹였잖아.

엄마   너 어떻게 그걸 기억을…….

도준   맞잖아. 그때 엄마가 나 죽여서 없앨라고.

엄마   죽이다니 이놈아!
         그때 내가 얼마나 힘들었으면 너랑 나랑 같이 죽으려고…….

철학자 전에 어디서 뵌 적이 있는 것 같은데요? 그러고 보니 길에서 전단지를 나눠 주고 계실 때 지나가면서 받은 적이 있습니다.

엄마 네, 제가 도준이 엄마예요. 저는 선생님이 늘 서재 안에만 계실 거라 생각했는데, 아니군요.

철학자 그렇지 않습니다. 바깥에 나와 걸으면 여러 가지 생각이 잘 떠오르니까요. 때로는 깊은 생각에 빠진 채 빠른 걸음으로 지나가곤 하는 모양이에요. 저를 본 사람들이 그런 말을 하더라고요.

엄마 그때 제가 드린 전단지는 읽어 보셨나요?

철학자 네.

엄마 제가 하는 일이 잘못된 걸까요?

철학자 부모가 자기 자식의 무죄를 믿지 않으면 대체 누가 믿겠습니까?

엄마 저는 무죄를 밝히겠다고 백방으로 뛰어다니는데 아들이 이제 더 이상 저보고 면회 오지 말라고, 와도 안 만나겠다고 하네요. 견딜 수 없을 만큼 가슴이 아프고 괴로워요. 애가 어릴 때부터 세상천지에 단둘뿐이라 일심동체나 마찬가지였어요. 그런데 그런 아들한테 거부당하고 말았습니다.

철학자 오히려 잘된 것 아닙니까?

엄마 네? 아니 왜요? 우리 애가 태어난 후로 제가 얼마나 힘들었는데요. 제가 그 애를 얼마나 고생해서 키웠다고요. 지금도 아들 때문에 매일을 정신없이 보내고 있는데요. 저는 우리 애를 위해 살고 있는 겁니다.

철학자 그런데 바로 그 점을 싫어하는 자식도 있습니다. 부모한테 "이게 다 널 위해서야"라는 말을 들으면 토할 것 같다는 젊은이들을 많이 만나 봤거든요.

엄마 하지만 선생님은 부모가 자식의 무죄를 믿지 않으면 대체 누가 믿겠느냐고 그러셨잖아요?

철학자   그랬죠.

엄마   그럼 같은 말로, 부모가 자식을 지키지 않으면 누가 지킬 수 있겠어요?

철학자   부모라 해도 자식에게 할 수 있는 것과 할 수 없는 것이 있습니다. 물론 도와줘야 할 건 있습니다. 인간은 태어나자마자 모든 걸 혼자서 할 수는 없으니까요. 초식 동물은 태어나고 한 시간만 지나도 스스로 일어설 수 있죠. 그러지 못하면 곧바로 맹수들에게 잡아먹히고 마니까요. 반면에 인간은 부모가 부단히 보살피지 않으면 아이는 혼자서 한시도 살아갈 수 없습니다.
그럼에도 머지않아 아이가 자립할 때가 되면 부모 곁을 떠날 겁니다. 그때 부모가 할 수 있는 일은 아이의 자립을 도와주는 것이죠.

엄마   저는 우리 애를 정말 열심히 키웠어요.

철학자   당연히 그러시겠죠. 하지만 제가 여기서 말하는 도움이란 뭔가를 한다기보다는 하지 않는 것입니다.
자식은 부모가 생각하는 것보다 훨씬 빠르게 자기 자신이나 주위 세계에서 일어나는 일을 이해할 수 있게 되고, 또 여러 가지를 스스로 할 수 있게 됩니다.

그런데 '우리 아이는 아직 이런 일을 못 해'라고 생각하면 아이도 할 수 없는 척합니다. 부모가 아이의 자립을 가로막고 있는 거나 마찬가지인 셈이죠. 아무리 부모라도 관여하지 않아도 될 게 있습니다.

엄마   그게 뭔가요?

철학자   아이만 곤란을 겪는 일입니다. 알기 쉬운 예가 공부예요. 공부를 열심히 하지 않아서 그에 따른 책임을 지게되는 건 아이이지 부모가 아닙니다. "저런 애랑은 놀지마"라거나 "옷을 제대로 입어야지"라는 지적을 흔히 하는데, 이 또한 마찬가지로 부모가 곤란해지는 일이 아니므로 귀찮게 잔소리할 필요가 없습니다.

그렇게 일일이 지적하고 간섭하다 보면 아이는 부모가 말하지 않으면 혼자서 아무것도 결정할 수 없는 의존적인 아이가 되고 맙니다.

제 아들이 초등학생 때 혼자 할아버지 댁에 가서 지낸적이 있었습니다. 우리 부부로서는 처음 있는 일이라 좀걱정이 됐는데 아들이 집을 나서면서 이런 말을 하더군요. "나 이제 엄마한테서 독립하는 거야"라고요.

엄마 　언젠가는 아이가 제 곁을 떠나야 한다니 쓸쓸하고 섭섭하네요.

철학자 　외롭고 서운한 마음은 부모 스스로 어떻게든 해결해야 합니다.

엄마 　우리 애가 제게 앞으로 찾아오지 말라고 했을 때 그 애는 과거 일을, 그 애가 결코 기억하지 말아야 할 과거의 일을 떠올렸어요. 그게 무슨 일이었는지는 말씀드리고 싶지 않아요. 떠올렸으면 하는 일은 기억하지 못하고 떠올리지 않았으면 하는 일을 오히려 기억해 낸 거예요. 선생님, 기억을 지울 수 있을까요?

철학자 　기억을 지울 수 있다고 생각하는 건 무서운 것을 본 아이가 눈을 꼭 감으면 모두 사라지리라 생각하는 것과 비슷합니다. 경우에 따라서는 없었던 일을 있었다고 믿기도 하고요. 과거의 일이 사라지지는 않겠지만 더 이상 떠올리지 않거나 잊어버릴 수는 있습니다. 그것은 더 이상 생각해 낼 필요가 없어졌을 때죠.
필요 없어지면 과거의 기억은 지워집니다. 하지만 그건 자기 기억 속에서 일어나는 일일 뿐, 잊었다고 해서 상대에게 저지른 일까지 없었던 것으로 만들 수는 없습니다. 자신은 잊고 싶어 하지만 상대가 잊지 않겠다고 결심하는 한 그 일은 없어지지 않는 거죠. 그런 의미에서 과거의 기억은 지울 수 없습니다.

엄마 그럼 어떻게 해야 하나요?

철학자 '지금'이 바뀌면 과거의 기억은 필요하지 않을 수 있습니다.

엄마 '지금'을 바꾼다고요?

철학자 어린 시절 아버지에게 심하게 맞은 적이 있습니다. 저는 그 일을 잊을 수가 없었어요. 그래서 아버지와 가깝게 지내지 않겠다고 결심했어요. 하지만 어른이 된 뒤로 그런 일이 있었다는 것조차 잊어버렸죠. 그런데 다른 일로 아버지와 거리를 두어야겠다는 생각을 했을 때 다시 그때의 기억이 고개를 들고 나왔습니다.
그렇지만 언제까지나 과거 일에 얽매여서는 안 된다고 생각했어요. 아버지가 말년에 알츠하이머를 앓았던 것도 관련이 있었습니다. 아버지는 병 때문에 과거를 깡그리 잊어버렸어요. 그러니 제가 어린 시절에 맞았던 기억을 들춰내 봤자 아무 소용이 없다는 결론에 이르렀죠.

엄마   우리 애가 저를 용서해 준다면 과거 또한 사라진다는 말씀이신가요?

철학자   네, 그런 날이 온다면요. 자신의 기억이든 남의 기억이든 지우고 싶다는 건 그것이 '나쁜' 기억이라고 생각하기 때문입니다. 그 대신 과거 일을 제대로 마주한다면 이는 머지않아 '나쁜' 기억이 아니게 됩니다.

엄마   선생님이 아버지한테 맞았던 일은 선생님에게 '나쁜' 기억이 아닌가요?

철학자   저는 다른 식으로도 생각해 봤습니다. 오랫동안 그 일을 잊지 못했던 건 아버지와 친밀한 관계를 맺지 않으려고 했기 때문이라고 여겼는데, 어느 순간 그게 아니라는 걸 깨닫게 됐습니다.
아버지에게서 자립하기 위해 그랬던 것 아닐까 하는 생각에 이른 겁니다. 물론 그런 기억을 꺼내지 않아도 자립할 수는 있지요.

엄마   그럼 우리 애가 저한테 오지 말라고 한 건 어떻게 받아들여야 하나요?

철학자   그건 아드님이 자립을 위해 움직이기 시작했다는 뜻입니다.

엄마   제가 자립할 수 있도록 도와주고 스스로 할 일에 대해 이래라저래라 참견하지 않는다면 제 아들은 더 이상 과거의 기억을 떠올리지 않게 된다는 말씀인가요?

철학자   그건 아드님이 결정할 일이기 때문에 뭐라고 말씀드릴 수 없습니다. 그렇지만 부모 자식 간은 더없이 가까운 관계라는 것만은 변함없는 사실입니다. 그러므로 부모가 스스로를 바꾸면 부모 자식 관계 역시 거기에 맞춰 변하지 않을 도리가 없는 것이죠. 아, 이런!

엄마   왜 그러세요?

철학자   제가 성함을 여쭙는다는 걸 깜박했네요.

엄마   전 도준이 엄마…… . 아, 그게 아니라…… .

"자신이 누구의 아이라고 생각하나요?"라고 질문을 받은 한 아이가 잠시 생각에 잠기더니 "부모님의 아이?"라고 대답하는 장면을 어느 텔레비전 프로그램에서 본 적이 있다. 아이는 분명 부모에게서 태어났지만 그렇다고 '부모의' 아이는 아니다. 이처럼 부모나 자식이나 서로 일심동체라고 생각하기 때문에 생기는 문제가 많다.

자식에게 문제가 생겼을 때 상담을 받으려고 찾아오는 부모의 표정은 한결같이 심각하다. 곤경에 빠진 자기 자식을 지키기 위해 무엇이든 하려고 애쓰는 부모 마음은 잘 안다. 그러나 아이를 위한다는 마음에 무슨 짓이든 당장 행동으로 옮겨서는 안 된다. 예컨대 연못에 빠진 아이를 구하려고 부모가 앞뒤 가리지 않고 뛰어들면 아이는 더욱더 패닉 상태가 되어 부모에게 매달릴 것이고, 그 결과 부모와 아이 모두 물에 빠지는 일이 생길 수 있다. 그럴 때는 부모가 먼저 스스로 냉정을 되찾아야 한다. 잠시 시간을 두고 기다리면 아이의 몸에서 힘이 빠지고 자연스레 떠오를 테니 말이다.

냉정을 유지하며 아이가 힘이 빠질 때까지 기다리는 데는 용기가 필요하다. 이와 마찬가지로 상담은 부모가 할 수 있는 일과 할 수 없는 일이 있다는 것을 아는 데서부터 시작된다.

먼저 지금 일어나고 있는 일이 누구의 과제인지를 분명히 해야 한다. 기본적으로 아이에게 일어난 문제는 그게 무엇이든 아이 자신의 과제다. 아이에게 닥친 문제는 본인밖에 책임질 수 없으므로 아이 스스로 해결해야 한다. 물론 아이가 저만의 힘으로 문제를 해결하지 못할 때는 부모가 도움을 줘야 하지만 이 경우에도 적절한 절차를 거쳐야 한다.

부모가 아이를 대신해 문제 해결에 나서는 것은 아이 스스로 해결할 수 있다는 믿음이 없다는 것을 의미한다. 이럴 때 부모는 애초부터 자식을 신뢰하고 있지 않은 것이다. 부모가 대신 문제를 해결하면 아이는 의존적인 성향이 되기 십상이다. 또한 부모로부터 자립하고자 하는 아이라면 부모가 자신을 신뢰하지 않는다는 사실을 달가워하지 않을 것이다.

다음으로 상담사는 부모에게 지금 눈앞에 없는 아이에 관한 문제는 다룰 수 없다는 사실을 분명히 해야 한다. 이를 이해하지 못한 부모가 아이를 제쳐 두고 상담사와 합세해 아이의 문제를 해결하려 든다면 부모 자식 관계를 해칠 가능성이 크다. 만약 부모가 모르는 사람에게 자신의 문제를 상담하고 있다는 사실을 알게 되면 아이는 부모에 대해 불신감을 품게 될 것이다. 아이 스스로 자신의 문제를 해결할 수 있다고 생각할지도 모르고, 필요하다면 부모에게 직접 도움을 요청할지도 모르기 때문이다.

가령 부모가 아이의 등교 거부 문제로 상담사를 찾아와 우리 애를 학교에 갈 수 있게 하려면 어떻게 해야 하느냐고 물을 경우, 상담사는 부모가 아이를 학교에 가게 만들 수는 없다고 답할 수밖에 없다. 아이를 도와주고 싶다면 먼저 도움을 줘도 되는지 아이의 의사를 물어봐야 한다. 아이가 이에 찬성하고 도움이 필요하다고 한 것 중에서 부모가 할 수 있는 일이 있다면 그 일에 한해서 도와주면 된다.

또한 아이가 뭔가 문제를 일으켰을 때 부모가 나서서 사과하는 경우가 있다. 아이는 이를 달가워하지 않을 것이다. 아이가 잘못한 것이 무엇인지를 깨닫고 스스로 사과할 필요를 느꼈을 때 그렇게 하게끔 해야 한다. 아이에게는 이유도 묻지 않고 부모가 먼저 행동하는 것은 아이를 적으로 돌리는 것이다. 부모가 자기편이 아니라 세상의 편에 선 것이기 때문이다. 이때 역시 부모가 자식을 신뢰하지 않는다고 할 수 있다. 부모가 자식이 저지른 일에 사과하는 것은 언뜻 보기엔 아이를 위해서인 것처럼 보이지만, 실은 자기 보호 때문이다.

부모는 아이를 위해 스스로를 희생할 수 있다. 그렇다고 아이가 이를 마냥 좋아한다고 할 수만은 없다. 부모가 자신을 희생해야 할 정도로 자식 때문에 고통받고 있음을 세상에 표명하는 것과 마찬가지기 때문이다. 많은 아이가 부모의 이런 태도와 행동을 중요하게 받아들이지 않는다. 그보다는 자신 때문에 고통받는 일 없이 자기 문제와는 별개로 부모가 행복해지기를 바랄 뿐이다. 부모는 자신의 희생에 대해 아이에게 상냥함을 기대해서는 안 된다.

자식과 일심동체로 살고 있는 부모에게는 어떤 도움이 필요할까? 이 영화의 엄마는 누구에게든 '어머니'나 '도준이 엄마'라고 불린다. 아이가 '부모'의 아이가 아닌 것처럼 부모는 아이의 '부모'가 아니다.

나는 아이 때문에 힘들어하는 부모에게 부모가 먼저 행복해져야 한다고 늘 말하곤 한다. 아이는 아무 일을 하지 않아도, 그저 살아 있는 것만으로도 부모를 행복하게 한다. 철학자 미키 기요시는 이렇게 말한다.

> "새가 노래하듯이 스스로를 밖으로 드러내며 다른 사람을 행복하게 만드는 것이 진정한 행복이다."
>
> _미키 기요시, 《인생론 노트》

부모 또한 자기 자신의 삶을 살아가며 행복하지 못할 이유란 없다.

3판

행복을 찾아서

-나와 인생에 대하여

뭘
그렇게
어렵게 사냐?

철학자의 말

소확행을 느끼는 삶을 살고자 하는 사람에게 그 목적은 행복이다. 누구
나 행복을 바라지만, 그것만으로는 행복해질 수 없다. 또한 소확행을 느
끼는 삶을 바라는 사람은 성공이란 것이 소확행을 위해서는 필요치 않
은 것이라고 판단하리라.

리틀 포레스트

청춘의 특권이라 여겨지는 패기, 열정, 도전이 사치로 치부될 만큼 어디에
정착하지도 삶의 주인도 되지 못하는 현실 속에서 방황하며 낙담하는 젊
은이들. 그들에게 영화 〈리틀 포레스트〉(임순례, 2018)는 작은 위로를 선사
한다. 도시 생활에 지쳐 헛헛한 마음을 안고 고향으로 돌아온 '혜원'. 그
녀는 자신이 직접 농사해 수확한 재료로 음식을 만들어 먹으며 몸속 깊
이 자연과 하나 되는 변화를 받아들이고 일상의 행복을 만끽한다. 도시
생활의 피로와 번민으로부터 벗어나면서 시작된 그녀의 여정은 소소하지
만 확실한 행복, 이른바 '소확행'에서 답을 찾는다.

생활 환경의 변화와 더불어 자신을 변화시키려는 고민을 안고 삶을 돌아
보기 시작한 혜원이 철학자를 찾아간다. 그저 소확행만을 좇을 게 아니
라 한 발 더 나아가 그 행복이 인생에 깊이 뿌리내릴 수 있게 하려면 어떻
게 해야 하는지 철학자와의 대화를 통해 조언을 얻는다. 소확행의 참된
의미를 다시 한 번 되새기며, 지금 서 있는 바로 그 지점이 자신을 똑바로
바라보게 해 주는 작은 숲이 될 수 있음을 깨닫기를 바란다.

혜원	아픈 곳만 꼭꼭 집어내는 친구가 있다. 은숙이가 그런 애다.
은숙	알겠다! 시험 떨어지고 남친은 붙고! 자존심 상해서 잠수 타러 여기 왔네. 너 예전에도 그랬다. 시험 망치면 혼자 얼굴 벌게져서 보고도 못 본 척하고 연락도 안 하고. 어쨌든 그래서 온 거지?
혜원	그게 아니고, 나 배고파서 내려왔어.
은숙	배가 아파서가 아니라?
혜원	진짜 배고파서.

혜원 서울에서 살다가 지금은 고향에 내려와 혼자 살고 있어
요. 이대로 여기서 살아도 되는 건지 고민이 돼요.

철학자 왜 돌아왔습니까?

혜원 교사가 되려고 했는데 임용 시험에 떨어지고 말았어요.

철학자 다시 도전하면 되지 않나요?

혜원 그렇긴 하죠.

철학자 서울에 간 건 교사가 되기 위해서였나요?

혜원 네, 그런데…….

철학자 그런데?

혜원 수능이 끝나고 얼마 뒤에 엄마가 갑자기 집을 나가 버
렸어요. 아직 대학 합격 결과도 발표하기 전이었는데 말

이죠. 다행히 전 대학에 붙어서 서울로 올라갔는데, 저를 두고 떠나 버린 엄마에게 화가 났어요. 엄마가 집을 나간 이유가 궁금했지만, 혼자 보란 듯이 잘 살아 낼 수 있단 걸 증명하고 싶었어요. 자립하고 싶었죠.

철학자   그건 자립이라 할 수 없어요.

혜원   어째서죠? 부모와 떨어져서 혼자 사는 게 자립이 아니라고요?

철학자   어머니에 대한 분노와 반감으로 자립하려 했다면 여전히 어머니의 굴레에서 벗어나지 못한 겁니다. 아, 굴레란 말은 좀 심했군요.

혜원   아니, 맞는 말씀인지도 몰라요. 늘 기억 속 엄마와 대결하는 느낌이 들거든요. 엄마가 왜 떠났는지, 그 생각을 떨쳐 버릴 수가 없어요.

철학자   부모가 일부러 작정하고 아이를 자립시키려는 것도 마찬가지입니다. 그건 타인의 힘을 빌린 '타립他立'이지 '자립自立'이 아닙니다.

혜원 그럼 어떻게 해야 자립할 수 있나요?

철학자 먼저 자립해 살 수 있다는 걸 증명하겠다고 생각하지
    않는 겁니다. 아이가 자립한다는 건 봄이 되면 꽃이 피
    는 것처럼 자연스러운 순리입니다. 뭐든 증명하려고 들
    면 도를 넘어서게 되죠.
    다음으로 스스로 자신의 인생을 결정하는 겁니다. 물론
    부모는 자녀가 행복하게 살기를 바라지만 부모의 뜻과
    는 상관없이 스스로 어떤 삶을 살지 정해도 됩니다. 한
    번 더 물어봐도 될까요? 왜 교사가 되려 한 거죠?

혜원 ……꼭 교사가 되어야겠다는 강한 열망 같은 건 없었
    는지도 몰라요. 사귀던 남자 친구는 시험에 합격했는데
    전 떨어졌죠. 아르바이트도 힘들었고요. 그래서 모든
    걸 내던지고 고향으로 돌아왔어요.

철학자 교육은 정말 해볼 만한 일이에요. 한 번 시험을 망쳤다
    고 해서 포기하지 않았으면 할 만큼이요. 하지만 혜원
    씨가 혼자 잘 살 수 있단 걸 증명하기 위해 교사 자격증
    을 따서 안정된 삶을 꾸리겠다거나, 다들 대학에 가니
    자신도 가야겠다고 했다면 스스로 자기 인생을 결정한
    것이라고는 할 수 없습니다.

혜원 　서울 살 때 느꼈던 답답함이 지금은 전혀 안 느껴져요.

철학자 　그건 임용 시험에 떨어진 것을 계기로 혜원 씨가 자신
　　　　의 인생을 되돌아보기 시작한 덕분입니다.

혜원 　그렇지만 '자연으로 둘러싸인 이곳에서 맛있는 음식을
　　　　해 먹으며 살아가는 것으로 과연 괜찮은 걸까?'라는 생
　　　　각도 들어요. 서울에 가야 한다는 생각이 늘 떠나지 않
　　　　고요. '빨리 서울로 돌아가서 미래를 준비해야 할 텐데'
　　　　하는 거죠.

철학자 　혜원 씨가 이대로 서울에 가면 똑같은 일이 벌어질 겁
　　　　니다. 지금은 여기서 단단히 뿌리내릴 때까지 기다리는
　　　　편이 좋아요.

혜원 　그러다가 영영 서울로 돌아가지 못하는 게 아닐까요?

철학자 　꼭 돌아가야 하나요?

혜원 　…….

철학자 　혜원 씨의 문제는 몸은 고향에 있으면서 마음은 서울

에 있다는 겁니다.

혜원   무슨 말씀이세요?

철학자 어디로 가지 않아도 됩니다. 혜원 씨가 있을 곳은 '지금
        여기'밖에 없기 때문이죠. 혜원 씨 이야기를 듣다 보니
        돌아가신 우리 아버지가 떠올랐어요.
        어느 날 아버지가 주무시다 일어나서는 골똘한 표정을
        지으며 "오늘 중으로 집에 돌아가야겠다"라고 하신 적
        이 있어요. 혼자 지내던 고령의 아버지를 우리 집에 모
        시고 간병하던 때의 일입니다. 전에 살던 집은 다 정리
        한 뒤였기 때문에 아버지가 돌아갈 곳은 없었죠.
        그래서 어디로 돌아가시겠다는 거냐고 여쭤보니 아버
        지는 "지금은 임시 거처에서 살고 있기 때문에 계속 집
        으로 돌아가야겠다는 생각이 들어"라고 대답하셨어요.
        전 아버지께 여기는 임시 거처가 아니라고 설명해 드렸
        죠. 그러자 "그래, 여기가 우리 집이라는 거냐? 그럼 이
        제 어디로 안 가도 되는 거지?" 하시더군요. 그 사실을
        깨달은 아버지는 안정되고 편안해 보였어요.
        혜원 씨는 누구에게도 의지하지 않고 어디든 갈 수 있
        습니다. 그리고 어디에 살든 그곳은 임시 거처가 아닙니
        다. 시간상으로도 지금 혜원 씨의 삶은 의미 없는, 일시

적인 삶이 아닙니다. 지금의 이 삶이 진정한 삶을 위한 리허설이 아니라 실전이라고 생각해야 합니다. 언젠가 진짜 인생이 다가오는 게 아니라 지금 이 인생만 살아갈 수 있는 겁니다.

혜원　'계속 집으로 돌아가야겠다는 생각이 든다'는 선생님 아버님의 마음이 저랑 같네요. 지금 전 너무 편안한 환경에서 지내고 있지만 이래서는 안 되는 거 아닌가 하는 생각이 자꾸 떠올라요.

철학자　지금은 일을 안 하나요?

혜원　아니요. 매일같이 농사일을 하고 있어요. 그 일이 즐겁다가도 문득 '이대로 괜찮은 걸까?' 하는 고민을 하게 돼요.

철학자　이대로 괜찮을지 아닐지는 스스로 결정하면 됩니다. 더구나 그 일이 즐겁다면 하지 못할 이유는 없습니다. 다른 사람들과 똑같은 일을 할 필요는 없어요.

혜원　성공하지 못하더라도요?

철학자　성공하지 않아도 됩니다. 행복하기만 하다면 자신의 삶을 살아가는 걸로 족합니다.

혜원 제 삶의 길을 엄마가 반대해도요?

철학자 그럼요. 부모의 기대를 충족시키기 위해 인생을 살 이유는 없어요. 어머니 역시 당신 스스로의 삶을 살기 위해 집을 떠나신 게 아닐까요?

혜원 아마도요.

철학자 스스로 집을 떠나는 결정을 내린 분이라면 딸에게 너만의 삶을 살아서는 안 된다고 하지는 않을 듯한데요. 혜원 씨가 이토록 어머니의 생각을 궁금해하는 이유가 뭔지 압니까?

혜원 아직 엄마의 굴레에서 벗어나지 못해서요?

철학자 그렇기도 하지만 자신의 인생을 스스로 결정하려고 하지 않아서입니다. 자기 인생의 책임을 어머니에게 지우려 하는 거죠. 기억 속의 어머니라고 해도 말이에요.

혜원 제가 서울에 간다 간다 말하면서 가지 못하는 것도 저 스스로 결정하고 싶지 않아서일까요?

철학자   망설이며 고민하는 한 결정하지 않아도 되니까요. 그러
나 고민을 멈추는 순간 결정해야만 합니다. 혹시 결단
을 내린 뒤에 자신에게 닥칠 일들을 받아들이기가 두려
운 건가요?

혜원   뭔가를 결정할 때는 타이밍이 중요하지 않나요? 전 그
타이밍을 기다리는 중이에요.

철학자   그렇지 않습니다. 타이밍은 스스로 정할 수 있어요.

혜원   그러다 때를 잘못 맞추는 바람에 제가 바라던 걸 이루
지 못하는 일이 생기지는 않을까요?

철학자   그럴 수도 있습니다.

혜원   그럴 땐 어떻게 해야 하나요?

철학자   다시 하면 됩니다. 아니면 다른 것을 해도 좋고요.

혜원   전 무슨 일이든 복잡하게 생각해 온 것 같아요. 제 삶과

똑바로 마주하며 살지 않기 위해서요. 이참에 해야겠어요. '쇠뿔도 단김에 빼라!'잖아요.

철학자 네? 무슨 일을요?

혜원 서울에 있는 남자 친구에게 지금 전화해야겠어요. 다시 연락하겠다고 말해 놓고는 그냥 내버려 두고 있었거든요. 마냥 기다리는 건 전적으로 자연의 일이잖아요. 사람에겐 그저 기다리기만 하면 아무 일도 일어나지 않으니까요.

　언젠가 아이를 자전거에 태우고 전철 선로 옆 둑길을 지나가고 있었다. 전철이 지나가자 세 살배기 아들이 외쳤다. "엄마가 우리한테 손 흔들어 줬어!" 마침 아내가 그 전철을 타고 가다 창문 너머로 아들과 나를 발견했던 것이다.

　당시에는 일도 그렇고, 매일같이 아이를 어린이집에 보내고 데려오는 것이 힘들었다. 그럴 때면 일상의 우연한 순간에 찾아오는 행복이 내 마음을 달래 주곤 했다. 무라카미 하루키라면 이런 행복을 작지만 확실한 행복, '소확행'이라고 부를 것이다.

　그런데 이런 행복이 '작은 것'일까? 작은 행복과 대비되는 '큰 행복'이란 없다. 큰 행복이 있다고 생각한다면 그건 행복이 아니라 성공이다. 철학자 미키 기요시는 행복과 성공을 다음과 같이 비교한다.

> "행복은 각자의 것, 인격적이고 질적인 것이지만 성공은 일반적인 것, 양적으로 생각할 수 있는 것이다."

> "성공과 행복, 실패와 불행을 동일시하게 된 이후로 인간은 진정한 행복이 무엇인지 이해할 수 없게 되었다."
>
> _미키 기요시,《인생론 노트》

성공은 양적인 것이다. 명문대에 합격하거나 대기업에 취직하는 것은 경쟁률이라는 숫자로 나타낼 수 있다. 사람의 경쟁력도 연봉 같은 숫자로 표현할 수 있다. 반면 행복은 질적이기 때문에 양을 따질 수 없다. 또한 성공이 일반적인 데 비해 행복은 개별적이다. 이를 미키 기요시는 '각자의 것'이라고 표현했다. 명문대 입학과 대기업 입사는 누구나 목표로 한다는 의미에서 일반적이다. 그러나 행복은 각자에게 고유한 것이라서 어떤 것이 행복인지 일반화할 수 없다. 각 개인은 자신에게 고유한 행복을 만끽할 뿐이다.

가령 대기업의 후계자로 거론되던 사람이 악기 만드는 장인이 되겠다고 하면 대부분의 사람들은 이해하기 어려울 것이다.

나쁜 기억을 지워드립니다

그러나 삶은 자기 스스로 살아가는 것이기에 본인이 하기 싫은 일을 하면서 살 필요는 없다. 또한 상사의 비리를 눈감아 주고, 상사의 부당한 지시를 거역하지 않고 따랐을 경우 충분히 출세할 수 있었으나 그런 일을 강요당하는 상황이 싫어서 관료 사회를 그만두고 나왔단 사람의 얘기를 듣는다고 하자. 그때 그가 내린 결단을 지지하는 사람은 있겠지만 그와 같은 일을 하려는 사람은 없을 것이다.

성공한 사람에게는 으레 추종자가 생기기 마련이다. 하지만 자신의 신념대로 살기 위해 남들이 '성공'이라고 말하는 인생길을 거부한 사람, 정의를 위해 출세에서 등을 돌린 사람을 닮고 싶어 하는 사람은 없다.

자기의 삶을 진지하게 살아가고자 하는 사람이라면 지금까지 많은 사람이 당연시해 오던 남과의 경쟁 속에서 공부하고, 직장을 얻고, 돈을 버는 성공이 아니라 행복을 느끼면서 살고 싶어 하는 것은 당연하리라.

'소확행'은 다행감(Euphoria, 극도의 행복감을 말한다-옮긴이)과 그 궤를 달리한다. 어떤 삶을 살든 무엇을 목적으로 살아갈 것인가, 그것이 문제가 되기 때문이다. 소확행을 느끼는 삶을 살고자 하는 사람에게 그 목적은 행복이다. 누구나 행복을 바라지만, 그것만으로는 행복해질 수 없다. 또한 소확행을 느끼는 삶을 바라는 사람은 성공이란 것이 소확행을 위해서는 필요치 않은 것이라 판단할 것이다.

나아가 삶에서 소확행을 찾으려면 공헌감이 필요하다. 자신이 어떤 식으로든 타자에게 도움을 주고 있다고 느끼는 감정이다. 성공을 원하는 사람이라면 무언가를 성취하는 데 공헌하자는 생각을 품고 있다. 반면 소확행을 바라는 사람에게 필요한 것은 자신의 존재, 즉 자신이 살아 있다는 것 자체가 타자에 대한 공헌임을 느끼는 것이다.

어린아이는 부모의 부단한 지원 없이는 한시도 살아갈 수 없다. 배가 고플 때나 기저귀가 더러워져 불쾌함을 느낄 때는 울거나 큰 소리를 낸다. 어른들은 이를 듣고 아이가 무엇을 원하는지 살피고, 아이가 필요로 하는 것을 해 주며 돌본다. 하지만 자녀는 그냥 받기만 하는 존재가 아니다. 아이들도 줄 수 있다. 그건 바로 행복이다. 아이가 아무것도 하지 않아도, 어른들은 이 아이의 존재로 인해 위안을 얻는다. 아이는 살아 있는 것만으로도 공헌하고 있는 것이다.

어른도 아이와 마찬가지라는 생각 역시 당연하지 않겠는가. 물론, 무언가를 하는 행위로서 공헌할 수 있겠지만, 살아가는 것 그 자체로도 공헌할 수 있다. 그럼으로써 우리는 자신이라는 존재에 가치가 있다고 깨달을 수 있다.

그렇다고 일을 통해서 소확행을 누릴 수 없는 것은 아니다. 하지만 일하기 위해 살거나 단지 돈을 벌기 위한 수단으로 일을 한다면 소확행을 누릴 수 없다. 자신이 하는 일을 통해 타자에게 공헌한다고 느낄 때, 그 공헌감이야말로 소확행이다.

나쁜 기억을 지워드립니다

당신만은
추억이 되질
않았습니다

철학자의 말

우리가 가끔 죽은 이를 떠올린다면, 내가 죽은 후에도 누군가 나를 잊지 않고 떠올리는 사람이 있지 않을까. 그렇게 생각하면 죽음에 대한 두려움은 다소 누그러지리라. 나를 언제까지나 잊지 않고 기억해 주는 사람이 있다면 나는 계속 불멸할 수 있다.

8월의 크리스마스

삶에서 죽음만큼 당연하면서도 낯선 영역이 또 있을까. 이 삶에 영원히
머물 수 없는 우리는 늘 불멸을 꿈꾸지만, 누구에게나 마지막 순간은 찾
아온다. 예기치 않은 사고, 질병 혹은 나이 듦으로 인해 예외 없이. 누군
가와 사별한 이는 비통한 상실감을, 이 세상에 이별을 고해야 하는 이는
불안과 고통을 감내하며 죽음과 마주해야만 한다.

그 고독한 숙명을 오롯이 홀로 견디는 남자 '정원'의 모습을 담담한 터치
로 그려 낸 영화 〈8월의 크리스마스〉(허진호, 1998)가 있다. 정원은 살 수
있을 때까지 두려움 없이 살고 싶다는 소망을 안고 철학자를 찾아온다.
'어떻게 죽음을 맞이할 것인가'의 문제는 곧 '어떻게 살 것인가' 하는 인
간의 영원한 지상 과제로 귀결된다. 둘의 대화를 통해 죽음과 이를 마주
하는 자세에 대해 함께 사유해 보길 청해 본다.

정원   내가 어렸을 때 아이들이 모두 가 버린 텅 빈 운동장에 남아 있기를
        좋아했었다. 그곳에서 돌아가신 어머니를 생각하고, 아버지도 그리
        고 나도 언젠가는 사라져 버린다는 생각을 하곤 했었다.

정원   한동안 병원에 입원했다가 다행히 퇴원해서 집으로 왔
        어요. 실은 의사 선생님한테 앞으로 살날이 얼마 남지
        않았다는 말을 들었어요. 전 죽는 게 너무 두렵습니다.

철학자   그건 당연한 일입니다. 예전에 저는 심근경색으로 쓰러
        져서 관상동맥 우회 수술을 받은 적이 있어요. 수술받
        기 직전에 의사 선생님이 "지금 그렇게 웃고 있지만 실
        은 무섭죠?"라고 묻더군요. 그 말을 듣기 전까지는 '무
        서워하면 안 돼. 마음을 진정하고 수술받아야지'라고
        주문을 걸듯 되뇌고 있었는데, 선생님의 말을 듣고서야
        비로소 제가 두려워하고 있다는 걸 깨달았습니다. 그래
        서 "무섭네요"라고 대답했는데, 생각지도 못하게 튀어나
        온 그 말이 오히려 수술에 임할 용기를 주었죠.

정원   왜 인간은 죽음을 두려워하는 걸까요?

철학자   인간은 살아 있는 한 자신의 죽음을 경험할 수 없습니
        다. 다른 사람의 죽음을 보고 '나도 죽으면 저렇게 될
        까' 하고 추측할 수는 있지만, 정작 자신이 죽으면 어떻

게 될지 그 누구도 알 수 없죠. 타인의 죽음은 '부재'입니다. 다시 말해 타인의 죽음은 이 세상에서 그 사람이 사라지는 걸 의미합니다만, 나 자신과 세상은 아무것도 달라지지 않아요. 그 사람이 죽었다는 사실은 너무도 슬픈 일이지만 말이죠.

그러나 자기 자신의 죽음은 '무'입니다. 내가 죽는다는 건 나 자신도, 세상도 함께 사라진다는 걸 의미합니다. 그러니 타인의 '부재'와 나 자신의 '무'는 그 차이가 엄청나다고 말할 수밖에 없죠.

정원　그럼 제 '죽음'은 다른 사람에게는 '부재'겠군요. 제가 없어도 이 세상은 돌아갈 것이고요. 저의 죽음으로 슬퍼할 사람이야 있겠지만, 그 슬픔이 언제까지나 지속되지는 않을 겁니다. 그러다 제가 이 세상에 살았다는 사실조차 누구도 떠올리지 않게 되겠죠. 제가 사라져 버린다 해도 이 세계는 아무 일 없었던 것처럼 돌아갈 거예요. 그런 생각을 하다 보면 죽는 게 정말 무서워져요.

철학자　정원 씨가 살다 갔다는 것을 아무도 떠올리지 않는다고 장담할 수는 없습니다. 분명 가까운 사람과의 이별은 너무나 비통해서 슬픔을 좀처럼 치유할 수 없지만, 죽은 사람을 잊어야 슬픔을 달랠 수 있는 건 아니니까요.

정원   한밤중에 자주 잠에서 깨요. 그럴 때마다 저에게 죽음
이 가까워졌다는 사실을 새삼 알아차리곤 하고요.

철학자   정원 씨는 밤에 자다 깰 때마다 그렇게 자신이 죽음에
다다랐다고 생각하나요?

정원   밤에 자다 깨서 운 적도 있고, 한밤중에 깼을 때 제가
울었단 걸 알아챈 적도 있어요. 조금 전에 죽음이 두렵
다고 했는데, 그런 생각이 들 땐 사무치게 외롭습니다.
하지만 잠에 들었을 때 행복한 기분이 든 적도 있어요.
돌아가신 어머니 꿈을 꾸기도 하거든요. 제가 자면서 웃
고 있을 때 누군가 그 모습을 본다면 이상하다고 할 거
예요. 그런데 꿈에서 만나는 건 어머니만이 아닙니다.

철학자   또 누구의 꿈을 꾸나요?

정원   전부터 친하게 지내던 사람이 있어요. 가끔 그 사람 꿈
을 꾸기도 해요. 그녀는 제가 운영하는 사진관 단골손
님이에요. 저보다 훨씬 젊은데, 그렇다고 사귀는 사이는
아니고요. 그 사람은 절 '아저씨'라고 부르지만, 저한테
연심을 품고 있는 건 아닌 거 같아요.

철학자 　그분도 틀림없이 정원 씨와 함께 있으면 즐겁다고 느낄 겁니다. 친한 사이라면 함께 있을 때 한쪽만 홀로 어떤 감정을 품는 건 아니거든요. 상대가 자신과 무관한 감정을 느끼는 경우는 좀체 없어요. 그러니 정원 씨가 그분과 함께 있고 싶단 생각을 한다면, 그분도 아마 같은 마음일 겁니다.

그런 마음에 어떤 이름을 붙일지는 사람마다 다른 거예요. 사랑이라 불러도 좋고, 우정이라 불러도 좋고요. 어느 쪽이든 중요한 건 늘 함께 있고 싶다고 생각하는 겁니다. 정원 씨는 그분과 같이 있을 때 어떤 기분이 드나요?

정원 　그녀와 있으면 언제나 즐겁고, 그 시간이 이대로 계속됐으면 좋겠다는 생각이 들어요. 그녀를 알게 됐을 무렵의 저는 뭐든 심각하게 생각했어요. 술기운에 친구에게 곧 죽는다고 털어놓거나 난동을 부리기도 했죠.

그런데 언젠가 그녀가 묻더군요. "사는 거 재밌어요?"라고. 그 말을 듣고 깨달았어요. '난 곧 죽을 거야. 그것도 먼 훗날이 아니라 가까운 시일 내에.' 하지만 인간은 누구나 언젠가 죽잖아요. 그렇다면 죽는 것만 생각하지 말고 지금을 즐기며 살아도 되지 않을까 하고 생각했죠.

철학자   죽음이 두렵다고 했지만, 죽음의 정체를 알 도리가 없기에 우리는 그것이 무서운지 아닌지 사실은 알 수 없습니다. 고대 그리스의 철학자 소크라테스는 "죽음은 모든 선 가운데 최고의 선일지도 모른다"라고 했어요. 죽음이 두렵다고 느끼는 건 우리가 모르는 것에 대해 알고 있다고 생각하기 때문입니다. 모르는 건 두려워하지 않아도 됩니다. 아니 두려워할 수 없는 거죠.
또 다른 문제는 정원 씨가 불안과 두려움에 휩싸인 채 지내고 있다면 '지금, 여기'를 온 힘을 다해 살고 있지 않기 때문이라는 겁니다.

정원   온 힘을 다해 '지금, 여기'에 산다는 게 뭐죠?

철학자   그분과 시간을 보낼 때 너무 즐거운 나머지 다음에 언제 만날지 약속하는 것조차 잊어버린 적 없었나요?

정원   사진관에 손님으로 올 때만 만난 터라 다음에 언제 만나자고 약속한 적이 없어요.
게다가 제 병 문제도 있어서 그런 약속을 하면 안 된다고 생각하기도 했고요. 근데 한번은 둘이서 날을 잡아 서울랜드에 간 적이 있어요.

철학자   그때는 어땠나요?

정원   너무 즐거웠어요. '앞으로 이런 일은 또 없겠지' 생각했죠. 그런데 막상 놀이기구를 타면서 시간을 보내는 순간에는 제가 불치병을 앓고 있다는 사실에 대해 아무런 생각도 들지 않더라고요.

철학자   온 힘을 다해 산다는 건 그런 겁니다. 정원 씨 병에 대해 그분에게 이야기한 적이 있나요?

정원   아니요. 퇴원해서 돌아오니 그 사람에게서 편지가 와 있더라고요. 입원했단 말을 전하지 않았거든요. 편지에는 그 사람이 전근을 가게 되었다는 근황 같은 게 쓰여 있었는데, 아마 저를 많이 걱정했을 겁니다.

철학자   그랬겠죠.

정원   그래서 답장을 쓰긴 했지만, 그녀에게 보낼까 말까 고민이 돼요.

철학자   왜 고민되죠?

정원   저를 걱정할 게 분명하니까요.

철학자   '분명'이라고요? 정원 씨가 그분께 답장을 보낼 수도, 보내지 않을 수도 있겠죠. 그렇지만 정원 씨의 편지를 받으면 그분은 안심할 겁니다. 반대로 답장을 받지 못하면 '무슨 일이 생긴 걸까' 하고 불안해하면서 어쩌면 정원 씨를 원망하게 될지도 몰라요.

정원   어떻게 하는 게 좋을까요?

철학자   그건 정원 씨가 결정해야 해요. 지금 제가 말씀드린 건 일반적인 이야기일 뿐, 두 사람이 만나지 않은 시간 동안 그녀가 어떤 마음으로 지냈을지 속사정은 알 수 없는 일이니까요.

정원   제가 병에 걸린 사실을 답장에다 써야 할지 망설여졌어요. 그 사실을 알면 그 사람이 도저히 못 견딜 거란 생각이 들더라고요.

철학자   과연 그럴까요? 전 정원 씨가 병에 대해 솔직하게 털어놓아도 그분이 받아들일 수 있으리라 생각합니다. 아니, 받아들이기 힘들 수도 있지만, 정원 씨가 아프다는 걸 알고 난 뒤 견딜 수 있을지 없을지는 그분의 과제이지 정원 씨의 과제가 아닙니다.

정원 네? 그게 무슨 말이죠?

철학자 투병 중인 상황은 정원 씨의 과제입니다. 그 사실을 그분에게 알릴지 말지를 결정하는 것도 정원 씨의 과제예요. 누구도 정원 씨의 병을 대신할 수 없습니다.
또한 제가 "지금 당장 그 편지를 우체통에 넣으세요"라거나 "보내지 마세요"라고 하더라도 정원 씨는 그 말을 따를 필요 없이, 온전히 스스로 보낼지 말지를 결정해야 합니다. 이와 달리 그분이 정원 씨의 병을 어떻게 받아들일지는 정원 씨가 정할 수 없어요. 그분의 과제란 말은 그런 뜻입니다.

정원 그 사람에게 아무것도 알리지 않는다면 어떻게 될까요? 제가 이대로 죽어 버린다면 말이죠.

철학자 저는 가끔 고등학교 때 친했던 한 친구를 떠올립니다. 학창 시절에 그다지 친한 친구가 없었는데 유일하게 그 친구가 저와 아주 친했어요. 졸업 후 그 친구는 대학에 가지 않았죠. 10년이 넘는 시간이 흐른 뒤에야 풍문으로 그 친구가 태국에서 저널리스트로 활약하고 있다는 소식을 들었어요. 가끔 고향에 들르기도 했던 모양인데 만나 보지는 못했죠.

그런데 그 친구가 이국땅에서 죽고 말았어요. 고등학교를 졸업한 뒤로 한 번도 만나지 못했지만 그사이에도 전 그 친구를 자주 떠올리곤 했어요. 생각나는 건 고교 시절의 모습이라서 나이 든 친구를 상상할 수는 없었죠. 제 안에서 그 친구는 지금껏 고등학교 때와 변함이 없어요. 지금도 제 기억 속에서 예전 그 모습으로 남아 있는 셈이죠. 그렇다고 그와 나란히 앉아 공부하던 날들이 지나간 추억이 되어 버렸다는 뜻은 아닙니다. 그를 떠올리는 건 '지금'이니까요. 제가 그 친구를 떠올릴 때 그 친구는 '지금' 살아 있는 겁니다.

정원　만약 제가 이대로 그 사람에게 아무것도 알리지 않고 떠난다면 선생님과 같은 일이 생긴다는 말씀인가요?

철학자　글쎄요. 정원 씨, 그분을 만나고 싶으세요?

정원　보고 싶습니다. 그 사람이 전근 간 곳에 찾아가 그녀를 만난다면 제 마음을 확인할 수 있을 거예요.

사람은 혼자 살 수 없다. 아들러는 자신의 책《심리학이란 무엇인가》에서 다음과 같이 말한다. "우리 주위에는 타자가 존재한다. 그리고 우리는 타자와 관계를 맺고 살아간다."

　아들러는 이 타자와의 관계 맺기를 '공동체'라고 부른다. 공동체의 최소 단위는 '나'와 '당신'이다. 갓 태어난 아기는 엄마 혹은 아빠의 도움이 없으면 한순간도 살 수 없는데 이때 아기와 엄마 혹은 아빠로 구성된 공동체가 형성된다. 아이를 키우는 사람은 또 다른 누군가의 도움을 받고, 도움을 준 상대는 아이가 성장하는 모습을 보면서 기쁨과 위안을 얻는다.

　일본의 신학자 야기 세이이치八木誠一가 '프런트 이론'을 설명할 때 인용하는 다음의 예를 많은 사람이 수긍할 것이다. 한 개인을 선으로 연결된 사각형이라고 가정해 보자. 야기에 따르면 이 사각형의 네 변 중 한 변을 실선이 아니라 점선으로 그리며 타자와 접하게 되는 선 혹은 면을 '프런트'라고 설명한다. 이때 나는 타자의 한 변이 된다. 이처럼 사람은 타자를 향해 열려 있는 프런트인 바로 이 선 혹은 면을 나의 일부와 동화시키지 않으면 안 된다. 다시 말해 사람은 한 변이 점선인 사각형으로 표현되는 개별적인 사물이 아니라 타자와 접하고 겹쳐지며 비로소 점선이 새로운 실선이 됨으로써 개별적인 사물인 존재자로 변모하는 것이다.

　이러한 '나'와 '당신'이라는 두 사람의 관계 맺기는 인류 전체로까지 확산된다. 그것은 당장 자신이 속한 가족, 학교, 직장, 사회, 국가, 인류 전부와 과거, 현재, 미래의 모든 인류, 나아가 살아 있는 것과 살아 있지 않은 것까지 포함한 우주 전체를 가리킨다 (알프레드 아들러, 《인간이해》).

아들러가 이야기하듯 죽은 자도 공동체를 구성하며, 살아 있는 자는 죽은 자와도 관계를 맺으며 살고 있다. 이로써 죽은 이를 불현듯 떠올릴 때, 우리는 또 다른 단초를 얻을 수 있다. 죽은 이를 더 이상 지각적으로 인식할 수 없기에 그 사람의 모습을 볼 수도, 목소리를 들을 수도, 손으로 만질 수도 없다. 그러나 죽은 이를 문득 떠올릴 때 그 사람은 살아 있을 때와 다름없이 현존하는 것처럼 느껴진다. 꿈속에서 죽은 사람과 만나는 일도 있다. 잠에서 깨어 그것이 꿈이었다는 사실을 알게 됐을 때 슬픔에 휩싸이지만, 꿈속에서 재회한 것만은 틀림없다.

자신이 이따금 죽은 이를 떠올린다면, 내가 죽은 뒤에도 누군가 나를 잊지 않고 떠올리는 사람이 있지 않을까. 그렇게 생각하면 죽음에 대한 두려움이 다소 누그러질지 모른다. 나를 영영 잊지 않고 기억해 주는 사람이 있다면 나는 계속 불멸할 수 있다. 그렇기에 나라는 존재를 잊지 말아 주기를 고대하는 법이다.

하지만 언제까지나 잊히지 않을 수는 없다. 시게마쓰 기요시重松清의 《그날이 오기 전에》라는 소설에는 암으로 세상을 떠난 아내의 이야기가 나온다. 아내는 세상을 떠나기 전 간호사에게 자신이 죽은 뒤 남편에게 전해 달라며 편지 한 통을 맡긴다. 남편은 아내가 세상을 떠난 뒤 그 편지를 받아 본다. 편지에는 이렇게 적혀 있었다.

"잊어도 괜찮아요."

잊어도 괜찮다는 말을 전한다 한들 잊히는 것은 아니다. 그렇지만 자신이 죽은 뒤에도 세상에 남아 있는 이에게는 삶이 있고, 먼저 세상을 떠난 자신이 조금이라도 방해가 되고 싶지는 않았던 것이다.

누군가를 떠나보낸 직후에는 그 사람이 내내 마음속에서 떠나지 않는다. 그러나 매일 울며 지내던 사람도 시간이 흐르면서 죽은 사람을 가끔 떠올리게 되고, 이윽고 잊어버리고 만다. 그걸로 족한 것이다. 그래도 사랑하는 사람이 불현듯 떠오를 때, 그 사람은 '지금, 여기'에 있다. 사랑은 결코 추억이 되지 않는다.

정원   내 기억 속에 무수한 사진들처럼 사랑도 언젠가는 추억으로
그친다는 걸 난 알고 있었습니다. 하지만 당신만은 추억이 되
질 않았습니다. 사랑을 간직한 채 떠날 수 있게 해 준 당신께
고맙다는 말을 남깁니다.

사람이
사람에게
그래도 됩니까?

철학자의 말

'어떤 결정이든 후회하게 되어 있다'고 생각하면 오히려 쉽게 결단을 내릴 수 있다. 후회하지 않는 결정을 하려고 하니까 고민하게 되는 것이다. 처음부터 후회할 거란 생각을 염두에 두면 망설임은 적어진다. 즉 더 나은 선택을 할 수 있도록 노력하되, 그렇게 노력한다고 해서 결단 후에 후회하지 않는 일은 생기지 않는다는 뜻이다.

터널

살다 보면 자신이 몸담고 있는 사회에서 내몰린 듯 막막한 벽과 마주하는 경우가 있다. 우리 사회의 만성적인 안전 불감증과 부실 공사로 인한 안전사고는 특정 개인의 문제라기보다는 사회 시스템이라는 집단 차원의 문제임은 두말할 나위 없다. 한편 사회 안전망 구축과 생명 존중이라는 대전제를 망각한 채로 개인의 선택이란 미명 아래 시스템의 결함과 오류를 덮어 버리는 불합리한 상황이 벌어지기도 한다. 이러한 안전 불감증 사회에 경종을 울린 재난 영화가 바로 〈터널〉(김성훈, 2016)이다.

가슴 졸이며 무너진 터널에서 남편이 생환하기를 오매불망 기다리던 '세현'은 터널 밖에서 중대한 선택의 기로에 내몰린다. 경제 논리와 높아진 비난 여론 속에서 거대한 중압감에 짓눌린 채 남편의 생환을 위한 동아줄을 놓아 버려야 할 처지에 놓이게 된다.

출구 없는 상황에 직면한 세현은 개인적 선택을 강요받는 현실 앞에서 깊이를 가늠할 수 없는 고뇌와 죄책감을 안고 철학자를 찾아간다. 누구에게도 도움을 청할 수 없는 상황에서 자신의 선택만으로 누군가의 생존을 둘러싼 결단을 해야 할 때, 당신이라면 과연 어떻게 할 것인가?

세현   거기 너무 춥지? 배 많이 고프지? 나 오늘 서명하고 왔어.
제2터널이라고 근처에 있는데 그거 공사 다시 해도 된다는
서명이야. 그러면 이제 구조 작업 더 이상 안 한다는 뜻이고.
다 철수해야 된대.
이제 구조 작업은 끝났어. 기다리지 마. 아무도 안 가.

세현   제가 남편을 죽게 내버려 둔 건지도 몰라요.

철학자   무슨 일이 있었나요?

세현   남편이 무너진 터널에 갇혀 있어요. 그런데 저는 남편이 갇힌 터널 인근에 있는 제2터널 공사 재개에 동의한다는 서류에다 서명해 버렸어요. 남편을 구조하려다가 또 다른 희생자가 나올지도 모른대요. 또 제2터널 건설이 중단되면 경제적 손실이 막대해져서 국민의 65퍼센트 이상이 구조 중단을 요구하고 있대요.
저는 여론에 동의하지 않을 수 없었어요. 하지만 지금도 '남편이 살아 있으면 어떡하지'라는 생각에 너무 괴로워요. 제가 동의하지 않았다면 남편의 구조 작업을 계속할 수 있었을 거예요.

철학자   전 세현 씨가 내린 결정에 모든 걸 맡기는 방식이 잘못됐다고 생각합니다. 어떤 일에서든 결단을 내릴 때는 두 가지를 생각해야 합니다. 먼저 인간은 어떤 결정을 내리든 반드시 후회한다는 겁니다. 만약 세현 씨가 공사 재

개에 동의하지 않았다더라도 그건 그것대로 후회했을
지도 몰라요.

세현 　어떤 결정이든 후회하게 된다면 아무것도 결정하지 못
하게 되는 거 아닌가요?

철학자 　아니, 그렇지 않아요. '어떤 결정이든 후회하게 되어 있
다'고 생각하면 오히려 쉽게 결단을 내릴 수 있습니다.
후회하지 않는 결정을 하려고 하니까 고민하게 되는 거
예요. 처음부터 후회할 거란 생각을 염두에 두면 망설
임은 적어집니다. 물론 어느 쪽을 택해도 괜찮다는 뜻
은 아니에요. 더 나은 선택을 할 수 있도록 노력하되, 그
렇게 노력한다고 해서 결단 후에 후회하지 않는 일은
생기지 않을 거란 겁니다.
세현 씨는 당연히 결정을 쉽게 내릴 수 없었고, 고뇌에
찬 결단을 내렸기 때문에 지금 후회하고 있는 겁니다.
이런 말씀을 드려 죄송하지만, 만약 남편분이 죽었다는
확실한 증거가 있었다면 갈등할 일은 없었을 겁니다. 하
지만 살아 있을 가능성이 조금이라도 있다고 생각하기
때문에 망설였고, 지금도 후회하고 있는 거죠.

세현 　모두 남편이 더 이상 살아 있지 않을 거라고 해요. 죽었

다고요.

철학자   과연 '다들' 그렇게 생각할까요? 세현 씨는 남편이 죽었다고 확신하지 않잖아요? 그렇다면, 세현 씨와 똑같이 생각하고 있는 사람이 반드시 있을 겁니다.

결단을 내릴 때 생각해야 할 또 한 가지는, 다른 사람이 어떻게 생각하는지는 중요하지 않다는 거예요. 중요한 건 세현 씨가 어떻게 하고 싶은지를 떠올리는 겁니다. 남들이 자신의 결정을 어떻게 생각할지에 영향을 받아 정작 세현 씨가 하고 싶은 대로 결정할 수 없다면 그것 역시 문제입니다.

'하고 싶다'는 말은 지금 상황에서 적절하지 않군요. 세현 씨는 남편의 구조 작업 중단 요청에 동의하고 싶지 않았겠죠. 그러니까 구조 작업 중단 요청에 동의하고 싶지 않아도, 동의하는 쪽을 '선택했다'는 뜻입니다. 그러나 세현 씨가 선택을 내릴 때 다른 사람이 어떻게 생각할지는 신경 쓰지 않고 결정하는 것이 중요합니다.

설령 많은 사람이 세현 씨의 남편은 죽었을 거라 생각하더라도, 그것이 세현 씨가 스스로 결정을 내리는 데 영향을 미쳐서는 안 됩니다. 어떤 선택을 하더라도 주위 사람들은 틀림없이 이런저런 말을 해댈 거예요. 구조 작업 중단에 동의하면 그것대로 비난하는 사람이

분명 있을 겁니다. 그렇다 하더라도 세현 씨는 결정해야
만 합니다. 아니 세현 씨만이 결정할 수 있어요. 세현 씨
가 그 결단을 내릴 때 망설이는 것, 지금 후회하는 것도
남편의 구조를 단념하는 것의 옳고 그름 자체를 스스
로 판단해서 하지 않으면 안 됩니다.

세현   그래도 저는 남편의 뜻을 알고 싶었어요. 그래서 혹시
나 남편이 듣고 있을지도 모른다는 실낱같은 희망을 걸
고 라디오를 통해 남편에게 말을 걸었어요. 만약 남편
이 살아서 제 메시지를 들었다면 분명 더 괴로웠을 것
같아요.

철학자   왜 세현 씨가 과거형으로 이야기하는지 모르겠군요. 세
현 씨가 남편에게 말을 걸었을 당시에는 죽은 남편에게
한 것이 아니라 '살아 있는' 남편에게 한 겁니다.
누가 뭐라고 한들 당시에는 살아 있는 남편을 향해 말
했을 거예요. 세현 씨가 남편은 살아 있다고 믿었던 것
이 남편에게 전해졌을 겁니다.

세현   그런데…….

철학자   그런데요?

세현   남편과 통화가 가능했을 때, 더 이상 못 하겠다고 약한 소리를 하는 남편에게 "그럼 죽어, 죽으라고"라며 모진 말을 퍼붓고 말았어요.

철학자   본심이 아니었잖아요?

세현   절망에 빠진 남편에게 포기하지 말고 가족을 위해 살겠다는 마음으로 버티라고, 심한 말을 퍼붓고 말았어요. 그러고는 라디오에서 "기다리지 마, 아무도 안 가"라고 야멸찬 말을 하고 말았어요. 못됐죠?

철학자   어떤 의사는 인공호흡기에 의지해 살아가는 환자의 가족들에게 더 이상 연명 치료는 무의미하다면서 이제 그만 환자를 놓아주라고 말하는 경우도 있습니다. 그러나 뇌사라고 진단했더라도 실제로 어떤 상태인지는 아무도 모르는 법입니다. 의사도 모르기는 마찬가지죠.
그렇기에 이런 어려운 결단에 내몰린 가족들은 나중에 당연히 후회하게 됩니다. 의사의 조언에 따라 연명 치료를 중단하는 게 정말 환자를 위한 것이었는지 누구도 알 수 없습니다. 하지만 가족들이 내린 결정이 틀렸다고 후회하기 시작하면 한도 끝도 없을 거예요.
사람들은 그때그때 최선의 선택을 하는 것입니다. 나중

에 그 일을 떠올리며 이렇게 했더라면 더 좋았을 텐데, 하고 후회할 때가 많겠죠. 그렇지만 선택을 내릴 당시 상황에서는 더 이상 다른 선택지는 없다고 생각할 수밖에 없는 경우가 종종 있습니다.

세현　남편이 저를 원망하지 않았을까요?

철학자　언젠가 대형 지진이 일어났을 때 잔해 속에 파묻힌 부부가 함께 도망치지 못한 일이 있었어요. 그때 자신을 놔둔 채 혼자 도망치는 남편의 모습을 본 아내는 '남편이 이런 사람인 줄 몰랐다'며 실망한 나머지 지진 이후 이혼했다는 이야기를 들은 적이 있습니다. 만약 두 사람의 관계가 좋았다면 '난 건물 잔해 속에 파묻혀 도망칠 수 없었지만, 남편이라도 빠져나갈 수 있어서 다행이야'라고 생각했을 겁니다.

또 다른 지진이 일어났을 때 비슷한 일이 있었어요. 역시 어느 부부가 건물 잔해에 깔린 상황이었는데 그때는 아내가 도망칠 수 있었습니다. 남편은 잔해 사이에 다리가 끼어 꼼짝을 못 했죠. 그러다 불길이 점점 번져 그 상태로 있다가는 타 죽을 상황이 되었어요. 남편은 살겠다는 일념으로 아내에게 "이 다리 좀 잘라 줘"라고 애원했어요. 물론 그런 말을 들었다 해도 아내는 남편의 다리를 절단할 수 없었죠. 고민에 빠져 괴로워하던 차에 불길이 코앞까지 다가오자 결국 아내는 남편을 그 자리에 두고 달아날 수밖에 없었어요. 그때 남편은 다가오는 불길을 보며 큰 소리로 다른 누군가에게 도움을 요청했을지도 모릅니다. 혹은 자기 곁을 떠나가는 아내에게 큰 소리로 "도와줘"라고 외쳤을지 모르죠. 이 경우 역시 지금까지 부부 관계가 원만했다면, 남편은 아내의 결단을 비난하지 않고, 아내 혼자라도 살아서 빠져나간 걸 다행이라고 여기지 않았을까요?

처음 하던 얘기로 돌아가자면, 세현 씨가 어떤 결정을 내렸던 남편께서는 그 결정을 받아들였을 거예요. 그분의 분노가 정부를 향했을 수는 있지만, 세현 씨를 향하는 일은 결코 없을 겁니다.

세현   그러길 간절히 바랄 뿐이에요. 선생님……. 아까 남편이 죽었다고 확신하지 않는 사람이 또 있을 거라고 하셨죠?

철학자   네.

세현   아, 그렇다면 제가 할 수 있는 일이 아직 남아 있을지도 몰라요.
(빠른 걸음으로 그 자리를 떠난다.)

아들러 심리학에서는 '과제'라는 말을 쓴다. 어떤 일의 결말이 최종적으로 누구에게 영향을 미치는지, 혹은 누가 어떤 일의 책임을 최종적으로 떠안아야 하는지를 살펴볼 때 그 일이 누구의 과제인가 하는 관점에서 논하곤 한다.

　예를 들어 공부를 하는 것은 아이의 과제다. 즉 아이가 공부를 하지 않아 곤란해지는 것은 부모가 아니라 아이다. 자신이 가고 싶은 학교가 있어도 공부를 하지 않아 그곳에 들어갈 수 없다면, 그 책임은 아이 스스로 질 수밖에 없다.

　대부분의 인간관계에서 갈등은 타인의 과제에 쓸데없이 개입할 때, 그리고 자신의 과제가 간섭받을 때 일어난다. 특히 부모의 경우 자신의 아이에게 간섭하지 않기란 좀처럼 쉬운 일이 아니다. 이를 머리로는 이해할 수 있어도 심정적으로는 저항이 일어난다.

　이러한 심리적 저항과는 달리 자기 일이 아닌데 누군가를 대신해 결정을 내려야 하는 순간이 있다. 그 판단은 어려울뿐더러 책임 또한 무겁다. 본인의 일이라면 자기 책임 아래 결정을 내릴 수 있다. 그러나 이마저도 자기 스스로 의사 결정을 내릴 수 있을 경우라는 전제 조건이 붙는다.

　영화 〈터널〉에서 세현은 자신의 결단으로 인해 남편이 목숨을 잃거나, 아니면 남편이 이미 목숨을 잃었다는 전제 아래 결단해야 하는 상황에 직면해 있다. 이런 순간에 내몰렸을 때 과연 옳은 판단을 내릴 수 있을까. 참으로 난감하기 짝이 없는 문제다. 이런 상황이 벌어지기 전에 어떻게 할지 미리 정해 놓았더라면 좋았을 테지만, 어느 누가 이런 사고에 휘말릴 것이라고 상상이나 할 수 있겠는가.

나 또한 아버지의 연명 치료 여부를 결정해야 하는 순간을 맞은 적이 있었다. 아버지는 그때 이미 스스로 의사 결정을 내릴 수 없는 상태였다. 나는 평온히 가시게 해 달라는 대답으로 연명 치료를 거부했지만, 과연 그 결단이 옳았는지에 대해 한참을 고민해야 했다.

얼마 지나지 않아 아버지의 병세가 악화되면서 최종적으로 결정해야 할 날이 가까워졌다. 의사한테 아버지의 죽음이 임박했다는 말을 들었음에도 나는 한 가닥 희망을 버릴 수 없었다. 아니, 그래서는 안 된다고 생각했다.

미국의 소설가 필립 로스는 뇌종양에 걸린 아버지의 연명 치료를 지속할지 말지 결정해야 할 때, 앞으로 다가올 비극을 떠올리며 결단을 내렸다. 로스는 아버지에게 이렇게 속삭였다.

"아버지, 이제 보내 드릴 수밖에 없어요."

_필립 로스,《아버지의 유산》

나는 로스와 달리 이렇게 말할 수밖에 없겠다고 생각했다. "아버지, 전 당신을 보내 드릴 수 없어요." 하지만 그렇게 생각한 뒤에도 결심은 계속 흔들렸다. 자식이라도 부모의 마지막 가는 길을 결정할 수는 없다고 말이다. '설령 아버지가 내 결정을 원치 않으시더라도 아버지는 내 결정에 반박할 수조차 없다. 그렇다면 아버지를 대신해 앞날을 결정하면 안 되는 게 아닐까'라고.

그러나 나는 곧 생각했다. '어떠한 결정을 내리든 비난하는 사람은 있으리라. 그래도 누군가 결단을 내려야 한다면 나 스스로 결정하자.'

그게 합리적인 결단이 아닐 수도 있었지만, 아버지라면 내가 어떤 결정을 내리더라도 용서해 주시리라 믿었다. 그게 정말 최선인지 아닌지는 아무도 모르는 일이다. 훗날 돌이켜 보면 실수였다고 후회할지 모른다. 그러나 우리는 '지금' 할 수 있는 최선의 결단은 내릴 수 있고, 또 내려야만 한다.

나쁜 기억을 지워드립니다

개가
사람보다 나은 게
뭔지 아시나요

철학자의 말

그동안 이차원의 세계 속에 살던 아이가 두 발로 일어선다는 것은 한편
으로는 넘어질지도 모를 위험이 뒤따르면서도, 한편으로는 설레는 체험
일 수도 있다는 의미에서 모험임이 틀림없다.

개를 훔치는 완벽한 방법

집은 그저 내 몸 하나 눕힐 수 있는 공간의 의미를 넘어 돌아갈 곳이 있다는 소속감과 안정감을 담보하는 곳이기도 하다. 지극히 사적인 공간인 동시에 마음 편히 새로운 에너지를 얻을 쉼터, 혼자라는 자유로움을 누릴 수 있는 곳이자 누군가 함께 있다면 서로의 정을 나누며 안정을 찾을 터전이 바로 집이리라.

세상 그 어디보다 안전한 우리 집을 잃고 아빠까지 사라진 소녀 '지소'는 울고 화내며 투정 부리는 대신 부잣집 개를 훔친 다음 돌려주고, 사례비를 챙겨 집을 사겠다는 발칙한 범죄를 꿈꾼다. 성장은커녕 최소한의 거처와 생존을 걱정할 처지에 놓인 한 소녀의 우울함과 개를 훔쳤다는 죄의식 사이를 요동치며 발랄하게 질주하는 성장 영화 〈개를 훔치는 완벽한 방법〉(김성호, 2014)을 소환한다. 넓은 집에서 남 못지않은 생일 파티를 열고 싶은 지소는 집의 부재와 함께 닥친 인생의 첫 고난을 맞아 철학자의 방을 찾아간다. 지소는 소중한 집과 희망을 찾아갈 수 있을까?

지소   어젯밤 꿈속에서 처음 보는 아저씨를 만났다. 그 아저씨는 자기가 이솝이라면서 토끼와 개구리 이야기를 들려주려 했다.

난 그딴 이야기는 듣고 싶지 않다고 말했다. 토끼는 토끼끼리 비교하고, 개구리는 개구리끼리 비교해야지 말이 되는 거 아니냐고.

결국 꿈속에서 이솝 아저씨는 나에게 사과를 했다. 제일 불쌍한 건 토끼도 아니고 개구리도 아니고 나라고. 만약 집도 없는 나를 알았으면 토끼와 개구리 같은 동화는 안 썼을 거라고.

집이 있는 아이들은 절대 모를 거다. 집이 있는 게 얼마나 행복한 건지.

지소   엄마랑 싸웠어요. 엄마 때문에 세상에서 제일 사랑하는
     아빠가 집을 나갔어요. 전 집을 사고 싶어서 개를…….

철학자 아이고, 얘야. 좀 진정하고 침착하게 말해 주련?

지소   세상에 저만큼 불행한 아이는 없을 거예요.

철학자 천천히 순서대로 이야기해 줄 수 있어요?

지소   전 지금 살 집이 없어요. 그래서 차 안에서 살고 있는데
     친구들한테 들키기라도 한다면 정말 창피할 거예요.

철학자 지소는 집이 없어서 집이 있는 여느 아이들처럼 행복하
     지 않고 불행하다고 생각하는 건가요?

지소   네. 집이 있는 아이들은 절대 모를 거예요, 집이 있는 게
     얼마나 행복한 건지.

철학자 그럴까요? 지소가 잘못 생각하는 게 두 가지가 있는데

알려 줘도 될까요?

지소   두 개나 있어요?

철학자   지소의 생각이 완전히 틀렸다고 단정 짓는 건 아니에요. 그렇지만 행복과 불행은 비교할 수 없는 거예요.

지소   왜 비교할 수 없나요?

철학자   행복이나 불행은 양으로 잴 수 없으니까요.

지소   양으로 잴 수 없다고요?

철학자   지소는 친구가 있나요?

지소   네.

철학자   몇 명이요?

지소   한 명뿐이에요.

철학자   친구가 많으면 행복할 것 같아요?

지소   제 생일에 친구들을 초대해 멋진 생일 파티를 하고 싶
       어요. 친구 모두를 초대하고 싶어요. 친구들이 많이 와
       준다면 행복할 것 같아요.

철학자   근데 지소는 집이 없잖아요?

지소   그래서 친구들을 초대할 수 없어요.

철학자   그래서 집이 없다는 걸 숨기고 있는 건가요?

지소   창피하잖아요.

철학자   사실대로 말하면, 그러니까 지금 집이 없어서 차에서
       살고 있다고 친구들에게 솔직하게 말하면 어떻게 될 것
       같아요?

지소   모두 나를 떠나 버릴 거예요.

철학자   집이 없다고 떠나 버리는 친구라면, 그런 친구가 아무
       리 많아도 행복하다고는 말할 수 없지 않을까요?

지소   그럴까요?

철학자 그보다는 무슨 일이 있어도 변하지 않는 친구가 있는 게 행복할 것 같지 않나요? 행복은 친구가 많고 적은 것과는 별 관계가 없어요. 돈도 마찬가지예요. 부모가 부자라고 해서 행복해질 거라고 보장할 수는 없어요.

지소 저기요, 할아버지…….

철학자 아, 왜요? 그렇게 불린 적이 별로 없어서.

지소 그렇게 부르면 안 되나요?

철학자 아니요.

지소 할아버지는 친구가 있어요?

철학자 있죠. 요즘은. 하지만 어린 시절에는 친구가 별로 없었어요. 그게 걱정이 됐던 어머니가 학교 선생님께 상담하러 가신 적이 있었어요. 선생님은 제가 친구를 필요로 하지 않는다고 해 주셨는데, 그 말씀에 우리 어머니도 안심이 되셨다고 해요.
단 한 사람이라도 자신을 소중히 생각해 주는 사람이 있다면, 그 사람은 진정한 친구일 거예요.

지소 그럼 제게도 진정한 친구가 있어요. 근데 또 하나, 제가 잘못 알고 있는 건 뭐예요?

철학자 잊을 뻔했네요. 그것은 지소가 지금 '다른 사람이 날 어떻게 생각할까' '다른 사람한테 어떻게 보일까'만 신경 쓰고 있다는 거예요. 누가 뭐래도 나 스스로가 행복하지 않으면 의미가 없어요. 행복해 '보이는' 게 아니라 정말로 행복'하다'고 느끼는 게 중요한 거예요. 아무리 다른 사람이 행복해 보인다고 해서 그 사람을 대신해 살아 봤자 행복해질 수 없어요.

지소 제가 행복해 보이고 싶어 한다는 걸 어떻게 아셨어요?

철학자 지소가 집을 갖고 싶어 하니까요. 행복하기 위해서는 아무것도 필요하지 않아요. 행복하기 위해서는 '조건'이 필요한 것도 아니고, 뭔가를 해야 하는 것도 아니에요.

지소 조건이요?

철학자 크고 넓은 집에 산다거나 좋은 학교에 다닌다거나, 그런 거 말이에요. 넓은 집에 살고 부자라고 해서 꼭 행복한 것은 아니거든요. 그건 행복이 아니라 '행운'일 뿐이죠.

지소   행복과 행운이 다른 건가요?

철학자   다르지요. 사는 집이나 돈을 잃으면 불운해지지만 그렇
        다고 불행해지는 건 아니에요. 행복은 무슨 일이 있어
        도 잃어버릴 일이 없으니까요.

지소   집이 없어도, 다른 사람들이 저를 어떻게 생각할지 신
        경 쓰지 않으면 되는 거네요. 할아버지, 전 불행하지 않
        은 걸까요?

철학자   여기 왔을 때 나만큼 불행한 아이가 없다고 했던 거 기
        억나요?

지소   물론이죠. 그런데 지금 전 행복한 걸지도 몰라요. 엄마
        도 있고 남동생도 있으니까요. 가끔 싸우기는 하지만
        요. 그리고 친구도 있어요. 딱 한 명이지만. 이런 것도 행
        운인가요?

철학자   부모님이나 친구들과 좋은 관계로 지낼 수 있는 건 밖
        에서 우연히 주어진 것이 아니라 지소가 시간을 두고
        가꿔 온 것이니까 행운이 아니에요.

지소   그래도…….

철학자   그래도?

지소   아빠랑 같이 살지 않는데도요? 그래도 제가 행복한 거
      예요?

철학자   아빠 없는 애들은 다 불행하다고 생각하나요?

지소   아니요…….

철학자   그럼, 아빠랑 따로 살아서 지소가 불행한 건 아니에요.

지소   아빠가 돌아오실까요? 엄마가 아빠한테 싫다고 해서 아
      빠가 집을 나간 거라고 말했는데 엄마가 엄청 화를 냈
      어요.

철학자   지소는 아빠랑 엄마의 관계에 끼어들어서는 안 돼요.

지소   왜요?

철학자   두 분이 사이좋게 지낼지는 아빠와 엄마가 결정할 일이

니까요. 지소도 동생이랑 싸울 때가 있죠?

지소   가끔요.

철학자   둘이 싸울 때, 엄마가 싸움에 끼어들어 "네가 누나니까 참아야지"라고 하면 기분이 어때요?

지소   싫어요.

철학자   그럼 엄마 아빠도 마찬가지예요.

지소   마찬가지요?

철학자   엄마 아빠가 지소랑 관계없는 일로 다투는데, 지소가 갑자기 싸우지 말라고 얘기하면 엄마 아빠가 기분이 나빠질 수 있어요.

지소   그래도 전 너무 힘들어요. 아빠가 돌아오지 않으면 계속 차에서 지내야 하니까요.

철학자   형제가 다투기 시작하면 부모가 중간에 끼어들어 그 싸움을 말릴 수는 없지만, 누군가가 다치거나 가구가 망가져서는 안 되니까 방 말고 밖에서 싸우라고 말할 수는 있어요. 그러니까 차에서 지내는 문제에 대해서도 어떻게든 해결해 줬으면 좋겠다고 엄마에게 말해도 괜찮아요. 아빠가 보고 싶나요?

지소 그럼요.

철학자 그걸 엄마한테 솔직하게 이야기하면 어떨까요? 지소도 가족의 일원이니까 지금은 함께 지내지 않는 아빠가 언제든지 돌아올 수 있도록 하는 건 지소가 할 수 있는 일이거든요.

지소 아빠가 빨리 돌아와서 모든 걸 예전처럼 돌려놨으면 좋겠어요. 아빠도 저를 보고 싶어 하실까요?

철학자 물론이죠.

지소 어떻게 그렇게 분명하게 말할 수 있어요?

철학자 할아버지도 딸이 있거든요. 옛날에 지금보다 더 바빴을 때가 있었는데, 늘 딸이 자고 있는 시간에 밖으로 나가서 밤에 돌아와 보면 딸은 벌써 자고 있었어요. 나중에 딸아이가 그때 일을 이렇게 말했을 때는 충격이었죠. "그때 아빠는 어디 계셨어요?"

나는 계속 집에 있었지만 딸에게는 없는 사람이나 마찬가지였던 모양이에요. 난 항상 딸이 보고 싶다고 생각했어요. 아무리 힘들어도 돌아갈 곳이 있다는 마음이 든다면 행복한 일이에요. 그래서 열심히 일할 수 있었죠. 지소네는 지금 집이 없지만, 지소의 가족은 지금도 지소의 옆에 있어요. 아빠는 지금…….

지소   집을 나가서 길을 잃어버리셨어요. 하지만 길을 찾아서 꼭 집으로 돌아오실 거예요. 그 집은 바로 우리가 살고 있는 차예요. 아, 그렇구나! 제가 한 말의 뜻을 이제야 깨달았어요.

철학자   어떤 말이요?

지소   아빠는 길을 잃어버렸지만, 길을 찾아서 집으로 돌아올 거예요. 전 이만 가 볼게요.

철학자   지소가 뭔가를 깨닫고 간 것 같은데, 폭풍우가 휩쓸고 지나간 것 같군.

나쁜 기억을 지워드립니다

아들러는 태어나 처음으로 두 발로 선 아이에 대해 다음과 같이 말한다.

> "처음으로 일어선 아이는 완전히 새로운 세계에 들어서게 되며, 그 순간 왠지 적대적인 분위기를 느낀다."
>
> _알프레드 아들러, 《인간이해》

그동안 이차원의 세계 속에 살던 아이가 두 발로 일어선다는 것은 넘어질지도 모를 위험이 뒤따르면서도, 한편으로는 설레는 체험일 수도 있다는 의미에서 모험임이 틀림없다.

아들러가 한 '왠지 적대적인 분위기를 느낀다'는 말에서 '왠지'라는 말에서 알 수 있듯이, 아이가 이때 느끼는 감각이란 합리적이지 않다. 별 어려움 없이 간단히 일어설 수 있는 아이라면 몰라도 스스로 일어서기까지 한참 시간이 걸린 아이는 고난을 극복했다는 기쁨보다도 앞으로 자신을 기다리고 있을 인생의 역경을 생각하며, 이 세상 속에서 '적대적인 분위기'를 느끼리라.

아들러는 계속해서 말한다. "아이가 처음 운동을 하려고 할 때, 제 발로 일어서는 힘에서 미래에 대한 강한 희망을 느낄 수 있다."(앞의 책) 어떤 일도 처음부터 쉽게 이룰 수 없다. 그러나 역경과 마주하면서 처음에는 적대적인 분위기를 느끼던 아이들도 제 발로 일어서는 힘에서 미래에 대한 희망을 품게 된다. 역경을 극복해 나가는 과정이야말로 삶의 기쁨을 느끼는 것이라 할 수 있다. "특히 걸음마를 떼기 시작할 때 여러 커다란 어려움을 느낄 수도 있고, 전혀 느끼지 못할 수도 있다. 이런 인상이나 사건은 어른들에게는 이따금 대수롭지 않게 여겨지지만, 아이들의 정신생활, 특히 아이들이 세계관을 형성하는 데 엄청난 영향을 미치는 것이다."(앞의 책) 걸음마를 떼기 시작할 때 어려움을 느낀 아이는 세계가 자신을 적대시하고 있다고 느낄 수 있고, 타자를 자신의 앞길을 막아서는 적이라고 간주할 수 있다.

아들러는 다른 저서에서 이렇게 말한다.

> "역경은 극복할 수 없는 장애가 아니라 거기에 맞서 극복해야 할 과제다.
>
> _알프레드 아들러,《삶의 과학》

아이가 이렇게 생각하기 위해서는 어른의 도움이 필요하다. 이 과제에는 대인관계도 포함된다. 부모에게 있어 아이는 살아 있는 것만으로도 무한한 기쁨이다. 부모는 아이가 특별한 일을 하지 않아도 무조건적으로 자식을 사랑해 왔을 것이다. 하지만 어떤 아이는 자신이 부모에게 사랑받지 못하는 것은 아닐까 하고 의심한다. 아이는 자신이 얼마나 사랑받는지 모른다. 아들러는 아이가 문제를 일으켜서 부모를 힘들게 만드는 사례를 예로 든다(알프레드 아들러, 《개인심리학과 학교Individualpsychologie in der Schule》.

사례 속 부모는 문제를 일으키는 아이가 더 이상 통제할 수 없는 지경에 이르자 아동복지시설에 맡겨야 할지 고민한다. 그런데 어느 날 아이가 병이 들어 일 년간 병원에서 지내게 됐다. 그런데 퇴원할 즈음 아이는 너무도 사랑스럽고 성실해져 있었다. 도대체 아이에게 무슨 일이 일어난 걸까? 그동안 아이는 자신이 누구에게도 사랑받지 못한다고 생각했다. 그래서 모두의 관심을 끌기 위해 문제를 일으켜 왔던 것이다. 그런데 아이가 병원에 입원해 있는 동안 가족들이 자신을 헌신적으로 돌보고 애쓰는 것을 알게 됐다. 입원하기 전에 아이가 했던 일들을 그 누구도 문제 삼지 않았던 것이다.

이러한 경험으로 아이는 타자를 보는 시선이 바뀌었다. 타자는 적이 아니라 동료라고 인식하기 시작한 것이다. 아이는 그 이후로 타자와 대립할 필요가 없어졌으며, 문제를 일으키지도 않았다. 이 아이처럼 특별한 행동을 보이지 않더라도 자신이 사랑받지 못하는 게 아닌지 의심하는 아이가 있을 수 있다. 그런 아이는 자신이 사랑받는다고 깨달으면 틀림없이 바뀔 수 있다. 그리고 어떤 역경에 처하더라도 희망을 잃지 않을 것이다.

믿지 않고
사는 게
좋으세요?

철학자의 말

사회에 순응하면 주변 사람들과의 마찰은 생기지 않으리라. 그러나 그것
이 가능하려면 그동안 내세웠던 이상을 접어야 한다. 어딘가에서 타협해
야 하고, 그리하면 날이 잘 서 있던 감각들이 둔해진다. 이래서야 나 자신
이 내가 아니게 되고 만다. 나 자신이 내가 아니게 되면 살 의미가 없다.

그 후

남이 하면 스캔들 내가 하면 로맨스가 되듯 남에 대해서 쉽게 재단하는 우리는 정작 자신에 대해서는 한없이 무르다. 누군가의 가능성에 대해서는 '뭘 몰라도 한참 모르는군'이라고 냉정하게 판단하면서 자신에게는 '그저 운이 없어서 그랬을 뿐이야'라고 되뇌는 것처럼. 여기, 일련의 사태를 일으킨 장본인임에도 불구하고 그 문제에 휘말리기를 피하는 한 남자의 모습을 담담하게 그린 영화 〈그 후〉(홍상수, 2017)를 불러 본다.

출판사를 경영하며 아내 몰래 바람을 피운 '봉완'은 무엇이 실체이고 허상인지 안다고 자신하지만, 믿는다는 것 자체가 중요하다고 말하는 '아름'을 만나 자신의 비겁한 민낯이 까발려진다. 현재의 나를 바꿀 자신도 없고, 바람피운 상대와 헤어질 용기는 더욱더 없기에 상대의 비겁하다는 말에 발끈하는 그. 정곡을 찔린 그 말에 허우적대며 자괴감에 빠지지 않으려 다짐한 봉완은 다시 한 번 진지하게 자신을 마주하기 위해 철학자를 찾아간다. 비겁한 연애와 그 후의 일상을 어떻게 살아갈지는 온전히 그의 몫이지만, 매 순간을 치열하고 용기 있게 살아갈 수 없는 우리에게도 시사하는 바가 있지 않을까?

봉완 하여간 말로 정리된다는 건 그건 실체하고 상관이 없는 거예요. 왜? 그게 일단 너무 조악해. 그런 것들은.

아름 그렇게 말하는 건 사실 게으르거나 비겁한 것 같아요

봉완 비겁해? 그게 비겁한 거야?

아름 믿는 걸 찾아내서 그 믿음을 가지고 열심히 살기 싫은 거죠. 힘드니까.

봉완 전 지금까지 인생을 열심히 살아왔다고 생각하는데, 비겁하다는 말을 들을 때가 있어서 난감합니다.

철학자 그런 일이 자주 있다는 말씀입니까?

봉완 '자주'까지는 아닌데요.

철학자 그런 말은 사람들이 일상적으로 하는 말은 아니란 생각이 드네요. 봉완 씨는 대체 어떨 때 비겁하단 소리를 듣는 겁니까?

봉완 어떤 사람에게 갑자기 "왜 사세요?"란 질문을 들은 적이 있어요. 그런 걸 알 리가 없잖아요? 모른다고 했더니, 계속 추궁하기에 적당히 둘러댔는데 갑자기 "그렇게 말하는 건 게으르거나 비겁하다"라고 하더군요.

철학자 그렇게 물어본 사람은 진지하게 질문을 했을 텐데, 대답을 회피해서는 안 되지 않나요? 진지하게 살고자 하는 사람에게 인생의 의미를 조금도 생각하지 않는 것처럼 보이는 사람이란 삶을 진지하게 마주하려 하지 않는 비겁한 사람으로 비치는 법입니다.

봉완   왜 사냐고 묻는 사람의 의도를 통 알 수가 없거든요. 분명 불행해서 그런 거겠죠. 위장이 건강한 사람은 위장의 존재를 의식하지 않잖아요?

철학자   그건 분명히 그렇겠죠. 하지만 위장의 존재를 의식하지 않으면 건강할 수 없는 것처럼, 인생의 의미에 대해 생각하지 않는 사람이 행복하다고는 할 수 없습니다.

봉완   불행한 사람만이 '행복이란 무엇인가'나 '인생의 의미는 무엇인가'처럼 쉽게 답이 안 나오는, 대답 따윈 할 수 없는 귀찮은 것만 생각한다고 보는데요.

철학자   저는 늘 그 귀찮은 것만 생각하고 있는데요. 답이 금방 안 나온다고 해서 생각하지 않아도 되는 건 아닙니다. 이 세상의 부조리에 대해 불만을 터뜨리는 젊은이에게 어른들이 현실은 그런 것이라는 식의 홀딱 깨는 발언을 한다면 곧바로 반발할 겁니다. 인생을 진지하게 마주하지 않는 어른들은 젊은 사람들에게 비겁하다는 말을 들을 거예요.

봉완 　인생이란 게 될 대로 되는 것 아닌가요?

철학자 　저는 그렇게 생각하지 않습니다. 그렇게 체념해 버린 사람한테는 저도 비겁하다고 하고 싶어집니다.

봉완 　저에게도 말입니까?

철학자 　그렇게 말할지도 모르죠.

봉완 　그밖에 어떤 상황에서 비겁하단 말을 합니까?

철학자 　지금처럼 스스로 생각하지 않고, 다른 사람에게 대답을 요구하면 비겁하다는 말을 들을 수 있죠.
아, 말이 너무 지나쳤군요. 스스로 결정하지 않고 다른 사람이 결정하도록 하거나, 상황에 맡긴 채 정하려 한다면 비겁하다고 할 수 있습니다.

봉완 　스스로 결정하지 않는 것에 대해서는 이해가 갑니다.

철학자 　무슨 뜻이죠?

봉완 　스스로 정할 때는 책임을 져야 하잖아요. 다른 사람이

정하게 만들면 상대 탓을 할 수 있고요.

철학자 상대방이 좋아하도록 만든다든지…….

봉완 네? 왜 그런 말씀을?

철학자 아니, 그런 분인 건 아닐까 생각했을 뿐입니다.

봉완 이성 관계에서는 꽤 고생했어요.

철학자 자랑하는 것으로 들리는군요. 하지만 그건 차치하더라
도 봉완 씨가 흘러가는 상황에 되는대로 맡기고 자신
의 의지를 분명히 드러내지 않았기에 이성 관계가 힘들
어진 것이라고 생각합니다.

봉완 그게 상황에 맡긴다는 뜻인가요?

철학자 가령 헤어질 때 '이런 사정이 생겼기 때문에' 같은 말을
꺼낸 적이 있습니까? '사실 헤어지고 싶지는 않은데, 어
쩔 수 없다'라고 상황 탓을 한다면 곧바로 비겁하다는
말을 들을 겁니다. 헤어지기 싫다면 상황이 어렵더라도
어떻게든 관계를 지속해 보려고 노력해야죠.

나쁜 기억을 지워드립니다

그렇게 해 보지도 않고, "그럴 수밖에 없다, 미안하다"라는 말을 하는 사람은 신뢰받지 못합니다.

봉완　하지만, 실제로 어떻게 할 수 없는 일이란 게 있잖아요?

철학자　과연 그럴까요? 먼저 이 사람과 헤어지자는 결심을 해 놓고, 이유는 나중에 얼마든지 갖다 붙일 수 있어요.

봉완　그것 말고도 있나요?

철학자　듣고 싶으세요?

봉완　기왕 말 나온 김에 끝까지 확실히 하려고요.

철학자　알겠습니다. 과거의 기억이 없다는 말을 늘어놓는 사람도 그렇죠. "기억이 없습니다"라는 말은 정치인이나 관료들이 즐겨 쓰는 말 아닙니까? 그런 말을 믿는 사람은 아무도 없잖아요?

봉완　누구나 옛날 일은 잊어버리지 않나요?

철학자　중요한 일은 기억하고 있을 겁니다. 15년 만에 재회한 첫사랑을 알아보지 못했다는 사람이 있었는데, 그런 일은 있을 수 없습니다. 사람은 과거에 있었던 일이나 만났던 사람을 그리 쉽게 잊지 못합니다. 택시 운전사는 한 번 태운 손님이라도 잊지 않을 거예요.

봉완   저는 선생님이 쓰신 글을 읽은 적이 있습니다. "더 이상 과거는 없다. 지금, 여기를 사는 것이 중요하다"라고 말씀하셨죠. 그렇다면 지금 여기를 사는 사람은 모두 비겁한 거 아닌가요? 과거는 잊어야 하는 게 아닙니까?

철학자   지극히 단편적으로 읽으셨군요. 저는 과거에 사로잡혀 있는 이들에게 과거는 존재하지 않는다, 과거로 돌아갈 수는 없다고 합니다만, 그렇게 말하는 것은 앞을 향해 살아갈 것을 바라기 때문입니다. 지금 과거를 떠올려서는 안 된다고 판단해서 과거를 잊는 것은 문제라고 봅니다. 기억나지 않는다고 해서 과거 자신이 한 일에 대한 책임을 면할 수는 없어요. 과거의 경험에서 아무런 교훈도 얻지 못했다는 것은 잘못된 거예요. 니체의 '영겁회귀'에 대해 알고 계신가요?

봉완   네.

철학자　기독교에서는 '최후의 심판'이라는 말을 쓰기 때문에 시간을 직선적인 것으로 여깁니다. 그에 반해 그리스적인 시간관에서 시간은 '원환적圓環的'인 것입니다.

봉완　원환적이요?

철학자　다시 같은 곳으로 돌아온다는 겁니다. 니체는 영겁회귀라고 했죠. 원환적인 시간관의 세계에서는 어디에도 도달하는 일이 없습니다. 세상은 영원히 생성하고, 자기 안에 회귀할 뿐입니다. 같은 일의 무한 반복……. '그럼에도 이 생성의 윤회 속에 자신을 맡겨야 할까?' 니체는 그렇게 물었습니다.

봉완　영겁회귀 같은 건 없었으면 좋겠어요. 괴로운 일은 한 번으로 족해요.

철학자　인생이 버텨 내기 어려운 것이라면, 더 나아가 생生을 긍정해야 합니다. 삶이 고통스럽더라도 그런 삶을 받아들이는 거죠. 물론, 괴로울지라도 생성의 윤회 속에 자신을 맡겨야 하는지를 묻는 니체의 "이것이 생이었더냐, 자, 그렇다면 다시 한 번!"이라는 물음에 "그래"라고 대답하는 것은 쉽지 않은 일입니다. 그것은 '초인'만 가능한 것이죠. 그러나 우리는 초인이 아니기에 괴로움에서 벗어날 수 없습니다. 고통에서 벗어날 수 없기에, 잊는 것이고, 그것은 도망치는 것일 뿐이죠.

봉완   그럼 저는 이성에게 계속 고통받는다는 말씀인가요?

철학자 아들러라면 상대가 바뀌어도 같은 일을 한다고 하겠죠. 하지만 그 고통에서 벗어나기 위해 과거를 잊어버리는 사람은 비겁하다고 할 거예요. 잊어버린다는 것은 정확하게 말한다면, 잊어버리자고 결정하는 것입니다.

봉완   같은 일을 반복하지 않기 위한 방책이 있나요?

철학자 봉완 씨가 지금까지와 다른 방식으로 산다면, 완전히 똑같은 일이 되풀이해서 회귀하는 일은 없을 거라고 생각합니다.

봉완   제가 어떻게 하면 좋을까요?

철학자 고통을 지우거나, 없었던 일로 만들 수는 없으므로 어떻게 고통을 마주할 것인지, 그 마주하는 자세를 바꿀 수는 있습니다. 어떻게 변하냐고요? 자신을 주인공이 아니라고 생각하는 것입니다.

봉완   그 이야기를 예전에 들은 적이 있는 것 같아요.

철학자 갓 태어난 아이는 자신이 이 세상의 중심에 있다고 생
각합니다. 이는 살아가기 위해서 필요한 것이지만 어른
이 되어서도 이런 생각에서 벗어나지 못하는 사람이 있
습니다. 타인이 자신의 기대를 충족시키기 위해 존재한
다고 생각하면서 '나는 이 사람을 위해 무얼 할 수 있
을까'가 아니라 '이 사람은 나에게 무엇을 해 줄 것인가'
만을 생각하는 사람은 상대가 바뀌어도 같은 일을 반
복하게 됩니다.
자신이 이 세상의 중심에 있다고 생각하는 사람은 자기
뜻대로 되지 않으면 소리를 지거나 화를 내거나…….
아니, 봉완 씨 갑자기 왜 그러세요? 왜 우는 겁니까?

가슴에 희망이 넘쳐나고, 꿈과 이상을 내걸고 진지하게 살아
가려는 젊은이들 앞을 가로막는 어른이 있다. 젊은 날의 미키 기
요시에게 '세상 물정에 밝은 똑똑한 사람들'은 친절한 듯이 이렇
게 말했다. "자네는 트로이머야. 그 꿈은 반드시 절망에 의해 깨

질 것이니 좀 더 현실적이 되게나." 트로이머는 '꿈꾸는 사람'이란 뜻이다. '세상 물정에 밝은 똑똑한 사람들'은 현실의 혹독함을 설파한다.

나는 미키 기요시의 대답을 잘 기억해 두고, 만약 언젠가 누군가 내게 그런 말을 한다면, 그와 똑같은 대답을 하리라 다짐했다. "저는 아무것도 모릅니다. 저는 다만 순수한 마음은 언제나 꿈꾸는 것이라고 생각합니다"라고.

다행인지 불행인지 내게 이런 말을 하는 사람을 만난 적은 없지만, 꿈을 좇는 것을 포기하라는 말을 들었다 해도 그 말을 귀담아듣지 않았을 것이다. 이상은 현실적이지 않기 때문에 이상이요, 꿈은 깨지기 때문에 꿈인 것이다. 실현되지 않는다고 해서, 혹은 이루어질 수 없다고 해서 처음부터 이상을 내세우지 않고, 꿈을 품지 않고 사는 것이 좋은가 하면 그렇지 않다.

순수하고 감수성이 예민한 사람이라면 현실을 직시하란 말을 듣는다 한들 도저히 납득할 수 없을 것이다. 언젠가 전철에서 한 젊은이가 나에게 말을 걸어왔다. 그는 어른들이 사회에 순응하라고 하는데, 그에게 그것은 곧 자신의 죽음을 의미하는 것이라고 했다.

사회에 순응하면 주변 사람들과 마찰이 생기는 일은 없다. 하지만 그것이 가능하려면 그동안 내세웠던 이상을 접어야 한다. 어딘가에서 타협해야 하고, 그리하면 날이 서 있던 감각들이 둔해진다. 그래서는 나 자신이 내가 아니게 되고 만다. 나 자신이 내가 아니게 되면 살 의미가 없다. 현실을 직시하라고 말하는 사람은 나이가 들어서 현명해졌다기보다 젊은이들이 과거의 자신처럼 꿈을 좇아 살아가는 모습을 보고 부러워하는 것일지도 모른다.

트로이머, 즉 몽상가는 낙관주의자다. 어려운 과제에 진지하게 맞선다. 때때로 삶의 난관에 맞서는 일이 쉽지는 않지만, 처음부터 포기할 필요는 없다. '어떻게든 되겠지'라는 근거 없는 자신감에 내맡기지 않고, 또한 삶의 난관을 심각하게 받아들이지 않고, 거기서 도망치지 않으며 할 수 있는 것과 할 수 없는 것을 분별하여 할 수 있는 것부터 시도해야 한다.

현실적이지 않다고 해서 이상을 꺾거나 포기하지 않는다. 이상주의는 사물 앞에 ante rem 논리라고 할 수 있다. 반면 현실주의는 사물 뒤에 post rem 논리라고 할 수 있다. 현실을 설명하는 것에 몰두하는 현실주의에는 현실을 바꿔 낼 힘이 없다.

영화 속에서 아름은 트로이머이며 이상주의자다. 봉완에게 믿는 게 뭐냐는 질문을 받은 아름은 세 가지를 댄다. 먼저 자신은 세상의 주인이 아니라는 것. 자신은 공동체의 중심이 아니다. 세계는 나를 중심으로 돌아가지 않는데, 내가 세계의 중심이라고 생각한다면 자기 생각이 받아들여지지 않았을 때 고통을 겪게 된다. 운다고 해서 아무것도 해결되지 않는다. 자기중심적 세계관을 바꿔야 한다.

다음으로 언제든 죽어도 된다는 것. 이는 그런 각오로 살아간다는 것이다. 과거는 더 이상 없고 미래도 없다. 그저 오늘이라는 단 하루를, 오늘만을 위해 살게 된다면 과거를 떠올리고 후회할 일도, 미래를 생각하며 불안해질 일도 없게 되리라. 물론 쉬운 일은 아니지만, 과거와 미래를 따로 떼어 놓고 사는 것을 이상으로 여기고 살다 보면 인생이 달라진다.

셋째는 모든 게 다 괜찮으며, 아름다운 것일 거라는 믿음. 이 말은 이 세상의 모든 게 다 그대로 아름답다는 의미가 아니라, 플라톤의 말을 빌리자면 이 세상의 여러 가지 사물에 존재하는 이데아理想의 형상을 받아들여 이데아를 상기해 낼 수 있다는 뜻이다. 그런 방식으로 이상을 인식하는 사람은 현실의 고통 속에서도 절망할 필요가 없다.

영화에서는 아름이 택시에서 책을 읽는 장면이 나온다. 책을 읽으면 사는 데 도움이 되냐는 운전기사의 질문에 아름은 "조금은 도움이 되겠죠"라고 답한다. 주어진 현실이 전부라는 생각이 들어 절망할 수밖에 없는 고통 속에서도 책 읽기는 현실을 넘어설 수 있게 한다. 이를 책 읽기에 한할 필요는 없지만, 현실을 넘어 이상을 꿈꾸면서 살 수 있는 사람은 행복하다.

나쁜 기억을 지워드립니다

내일을 위한 시간

―세상에 대하여

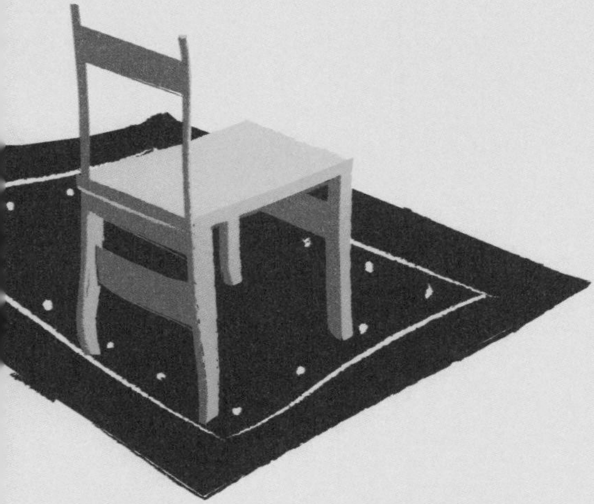

우아한 척하기엔
너무 멀리
와 버렸어요

누구도 불행해지고 싶어 하지 않는다. 고대 그리스 시대 이래로 수많은 철학과 종교는 인간이 행복을 추구한다는 것을 전제로 삼아 왔다. 그러나 어떻게 하면 행복해질 수 있을지 생각할 때 사람들은 흔히 그릇된 판단을 하곤 한다.

싱글라이더

치열할 수밖에 없는 입시와 입사 경쟁이라는 지난한 과정을 겪으며 살아가는 우리는 오늘도 독하게 자신을 몰아세우며 삶을 내달린다. 그저 낙오하지 않고 남들만큼 살아가길, 아니 그 이상으로 우아해지길 꿈꾸면서 말이다. 하지만 좌절과 실패의 고통을 겪지 않는 인생이란 없다. 악착같이 손에 쥔 것을 놓지 않으려고 버티다가 갑자기 무너지는 순간이 바로 그때다. 여기 더 높은 곳을 바라보다 성공 가도의 정점에서 추락하기 시작한 한 남자 '재훈'의 인생을 조용히 관조하는 영화 〈싱글라이더〉(이주영, 2016)를 소환한다.

이기기 위해 쉼 없이 전력 질주하다 내리막길에서 발길을 멈추고 비로소 자신을 돌아보는 재훈. 제 삶에서 이방인이 된 채 뒤늦은 깨달음과 후회 사이에서 무력해지는 그의 모습은 인생의 갈림길에서 매 순간 번민하는 우리네 모습과 닮아 있다. 인생이란 여정에서 길을 잃고 정처 없이 헤매는 이 고독한 영혼이 '길잡이별' 기시미 이치로를 찾아간다. 모든 것을 잃었다고 낙담하는 재훈과 마주한 철학자가 허심탄회하게 주고받는 심도 있는 대화에서 우리는 무엇을 찾을 수 있을까.

재훈   부실 채권을 고객들에게 팔고서 그 덕에 승진도 하고, 애하고 애 엄마 여기에다 보내고 결국 그 거래 덕분에 내 재산도 고객도 다 잃고 친구하고 가족도 잃어버린 거 같고, 결국 나 자신도 잃어버리고 말았어요.
다 뺏기고 이용만 당하고 살면서, 뭘 그렇게 우아한 척하면서 살았는지. 나도 돌이키기엔 너무 멀리 온 것 같아요.

재훈   I'm lost(길을 잃었어요).

철학자   무슨 일이 있었나요?

재훈   아, 지금 여기에 오면서 길을 잃었어요. 하지만 제가 잃어버린 것은 길이 아니라 인생입니다. 삶에서 길을 잃었어요. 저는 증권회사 지점장이었는데 부실 채권 사건이 터지고 말았어요. 그래서 저에게 피해 고객들의 분노와 항의가 쏟아졌고 일도, 친구도, 가족도 전부 잃고 말았습니다.

철학자   '전부'를 잃는 사람은 없어요. 가족까지 잃었을 것 같진 않은데요. 가족들은 지금 뭘 하고 있나요?

재훈   호주에 있어요. 아이를 유학 보냈는데 아내도 함께 갔어요.

철학자   이번 일에 대해서는 이야기했나요?

재훈   하지 않았습니다.

철학자 왜요?

재훈   이런 상황이 닥쳤다는 것을 알면 아내한테 버림받을 거예요. 꼭대기에서 추락했으니 앞으로는 밑바닥에서 살아가야 하는데 저는 그걸 견딜 수 없고, 아내도 그런 저를 더 이상 보고 싶어 하지 않을 겁니다.
       실은 아내와 아이를 본 지 2년이 흘렀습니다. 전화로 목소리는 듣고 있지만요.

철학자 재훈 씨 같은 일을 하는 사람들은 다들 그렇게 가족과 오랫동안 만나지 못하나요?

재훈   사람마다 다르겠지만, 주식 가격 변동 상황은 한순간도 눈을 뗄 수 없어요. 그래서 부하 직원에게 일을 맡긴 채 해외로 나가기는 사실상 어렵습니다.

철학자 휴가를 낼 수 없는 직업이 있을 거라고는 생각해 본 적이 없네요.

재훈   최근 아내와 전화 통화를 하다 보면 자주 말다툼을 하

나쁜 기억을 지워드립니다

게 되더군요. 직장을 잃었다고 말을 꺼내면 앞으로 어떻게 할 거냐며 심하게 핀잔을 들을 것 같았어요.

철학자 그래도 연락해서 사실을 이야기하기 전까지는 상대가 어떤 반응을 보일지 알 수 없습니다. 또 재훈 씨가 말한 것과 달리 적어도 '아직' 가족을 잃은 건 아니잖아요.

재훈 제가 열심히 일해 지점장이 된 덕분에 아들을 유학 보낼 수 있었어요.

철학자 덕분에요? 뭔가 생색내는 것처럼 들리네요. 가족들이 그걸 좋아했다고 생각하나요?

재훈 물론이죠.

철학자 제가 아는 사람 이야기를 해 보죠. 그 사람은 주말마다 아이와 아내를 데리고 어딘가에 놀러 가고, 일 년에 한 번은 해외여행을 데려갔답니다. 그런데 아내는 조금도 기뻐하지 않았고, 결국 아이를 데리고 친정으로 가 버렸죠. 경제적으로 아무 어려움 없이 살게 해 줬는데 대체 뭐가 불만인지 모르겠다며 아내의 행동에 납득이 가지 않는다고 그 사람이 말하더군요.

재훈   지금 제 이야기를 하시는 겁니까?

철학자   아니요. 그렇지 않습니다. 하지만 재훈 씨가 아이를 유
        학 보내 줬다는 투로 말하기에 그 사람 일이 떠올랐습
        니다.

재훈   그러고 보니 한국에서 영어 유치원을 보내자던 아내의
        제안을 뿌리치고 제가 아들을 호주로 유학 보냈어요.
        그렇지만 지금은 후회하고 있습니다. 두 사람을 위해서
        한 일이라고 생각했는데…….

철학자   왜 후회하는 거죠?

재훈   고객들을 속여서 제가 지점장으로 승진한 덕분에 아내
        와 아이를 유학 보냈기 때문입니다. 제 고객들은 열심히
        일해서 모은 돈으로 주식에 투자했어요. 그들도 모두
        가족을 생각해서, 가족을 위해 그랬을 거예요.
        제가 제 가족을 위해 했던 일들이 결과적으로 고객과
        그들 가족의 행복까지 앗아 가 버리고 말았습니다. 지
        금까지 제 일에 관해 의심해 본 적이 한 번도 없었고,
        회사를 위해 일하는 게 저 자신과 가족을 위하는 일이
        라 생각해 왔습니다.

나쁜 기억을 지워드립니다

철학자   그것이 결코 자명하지 않다는 사실을 깨달은 거군요. 사람은 인생이 순조롭게 흘러갈 때는 그런 의문을 품지 않습니다. 뭔가 큰 좌절을 겪었을 때에야 과연 자신이 무엇을 위해 일하고 있는지, 무엇 때문에 살아가는지에 대한 생각이 드는 법이죠.

재훈   저는 인생에서 성공이 전부라고 생각했어요. 하지만 그 냥 성공만 하면 되는 게 아니라는 걸 알게 됐습니다.

철학자   또 '전부'라고 하는군요.

재훈   전 제 아이를 성공한 사람으로 키우고 싶었어요. 영어 를 잘하면 경제적으로 남들보다 우위에 설 수 있을 테 니까 그러기 위해서는 반드시 유학을 보내야 한다고 생 각했습니다.

철학자   그건 재훈 씨가 살아온 인생이기도 하죠?

재훈   맞습니다. 하지만 저는 성공 외에 제 인생에서 찾아야 할 무언가가 있다는 걸 몰랐습니다. 전 그게 뭔지 모르 겠어요. 성공이 아니라는 것까지는 알았지만 말이죠.

철학자   아닙니다. 재훈 씨는 깨닫게 될 겁니다.

재훈   무슨 말씀이시죠?

철학자   재훈 씨는 자신이 고객들 가족의 행복까지 앗아 가 버
         렸다고 말했어요. 사람은 단지 일을 위해 일하는 것이
         아니라, 행복해지기 위해 일하는 것입니다.

재훈   그러고 보니 저도 가족의 행복을 위해 일하고 있다고
         생각했어요.

철학자   물론입니다. 하지만 재훈 씨가 일하는 방법은 틀렸어요.
         행복해지고 싶지 않은 사람은 없을 테지만, 어떻게 하
         면 행복해질 것인가에 대해 착각하는 사람이 많습니다.

재훈   전 회사를 위해 일하는 것이 가족을 위하는 일이자 행
         복이 될 수 있다고 믿었습니다.

철학자   지금 재훈 씨는 처음으로 자신의 삶이 틀렸다는 것을
         알아차렸어요.

재훈   다른 사람들의 불행으로 이루어진 성공은 아무 의미가

없다는 걸 제 앞에서 분노하며 항의하는 고객들을 보고 절실히 느낄 수 있었어요.

입사를 하기 전 취업 준비에 전념할 때부터 다른 사람들과의 경쟁에서 이기기만 하면 성공한 인생을 살 수 있다고, 그게 행복이라고 생각했습니다. 아무래도 제가 틀렸던 것 같아요. 모든 걸 잃은 지금 저는 도대체 뭘 할 수 있을까요?

철학자   거듭 말씀드리지만 재훈 씨는 '모든 것'을 잃은 게 아닙니다. 가족은 잃지 않았을 것입니다. 재훈 씨의 가장 큰 문제는 가족을 불신하고 있다는 겁니다. 이야기해 보지 않는 한 가족들이 어떤 반응을 보일지 알 수 없잖아요?

재훈   직장을 잃어버린 저는 더 이상 아무런 가치도 없는 게 아닐까요?

철학자   재훈 씨 아내는 재훈 씨가 엘리트 증권맨이라서 결혼하려고 했을까요?

재훈   …….

철학자   사람의 가치란, 일을 포함해서 무엇을 하고 있느냐, 지금 성공했느냐 하는 것과는 하등 관계가 없습니다.

재훈　커다란 좌절을 겪은 저는 지금 불행한 것 아닌가요?

철학자　성공하지 않아도 행복할 수 있고, 실패하거나 좌절했다
고 해서 꼭 불행한 것만도 아닙니다. 성공과 행복은 아
무런 관계가 없습니다.

재훈 씨는 어쩌면 지금까지 인생에서 단 한 번도 큰 좌
절을 경험한 적이 없는 거 아닌가요? 살아 있는 한 그런
좌절을 한 번도 맛보지 않는 사람은 없습니다.

중요한 건 시련이 닥쳤을 때 거기에 어떻게 대처하는가
하는 점입니다. 돌이킬 수 없다고 생각하지 말고 할 수
있는 일을 해야만 합니다.

또한 성공을 목표로 하는 사람에게는 이런 문제도 있습
니다. 성공하기 전까지의 인생을 '임시' 인생이라고 생
각하는 겁니다. 그러나 인생에서 임시란 없습니다. 리허
설도 없습니다. 존재하는 것은 실전의 인생일 뿐이에요.
인생에서 어떤 목표를 설정하든 상관없이, 지금 그 목
표를 달성하지 못했다고 해도 결코 임시 인생도 아니며
준비 기간도 아닙니다.

그런 관점에서 보자면 아이의 인생을 위해서 2년이나
가족이 서로 떨어져 사는 게 바람직하다고 생각되지는

않습니다. 물론 사정이 있어서 가족과 떨어져 살아야 하는 경우도 있습니다. 하지만 그럼에도 이를 당연한 것으로 받아들이지 말고 반드시 가족이 함께 있다는 유대감을 계속 유지하는 것이 중요하다고 생각해요.

어쨌든 아내와 아들에게 지금 상황에 대해 이야기하지 않는 것으로는 아무것도 해결할 수 없습니다.

재훈   그렇군요. 아내와 아이를 만나러 가 봐야겠습니다.

누구도 불행해지고 싶어 하지 않는다. 고대 그리스 시대 이래로 수많은 철학과 종교는 인간이 행복을 추구한다는 것을 전제로 삼아 왔다. 아들러도 이러한 철학의 자장 안에 있다. 그러나 어떻게 하면 행복해질 수 있을지 생각할 때 사람들은 흔히 그릇된 판단을 하곤 한다.

성공이 곧 행복이라고 생각하는 사람도 당연히 행복을 바란다. 그렇지만 성공하면 행복해질 수 있는지, 성공이 행복의 수단이 될 수 있는지는 결코 자명하지 않다.

철학자 미키 기요시는 행복에 대해 다음과 같이 말한다.

"행복은 인격이다. 사람이 외투를 벗어던지는 것처럼 언제라도 기꺼이 다른 행복을 벗어던질 수 있는 사람이 가장 행복한 사람이다. 그러나 진정한 행복은 결코 내던져 버리고 떠나지 않으며, 버리고 떠날 수도 없다. 그의 행복은 그의 생명과 마찬가지로 그 자신과 하나다. 이 행복을 품고 그는 온갖 곤란과 싸운다. 행복을 무기로 싸우는 자만이 쓰러져도 여전히 행복하다."

_미키 기요시, 《인생론 노트》

가장 행복한 사람은 언제든 '다른 행복'을 기꺼이 벗어던질 수 있다고 미키 기요시는 말한다. 다른 행복이란 이를테면 성공 같은 것이다. 오늘날 행복이라고 하면 누구나 성공을 떠올리는 듯하다. 그렇기에 어릴 적부터 시험공부에 매달려 좋은 대학에 들어가고 좋은 회사에 취직하려고 하는 것이다. 성공한 사람으로 사는 것이야말로 행복한 삶을 살 수 있다고 여기면서 말이다.

그런데 이런 태도로 살아온 사람은 가고 싶었던 대학에 떨어지거나 업무에서 크게 실수하면, 더 이상 돌이킬 수 없다고 생각하게 된다. 하지만 설령 좌절하더라도 성공이 '진정한' 행복이 아니라는 사실을 안다면 그것을 외투처럼 벗어 던질 수 있다. 그러면 그것은 더 이상 돌이킬 수 없는 것이 아니게 된다.

행복한 사람은 진정한 행복을 외투처럼 내던져 버리고 떠나지 않으며, 버리고 떠날 수도 없다. 왜냐하면 행복은 생명과 마찬가지로 그 자신과 일체화된 것이기 때문이다. 진정한 행복이 아닌

나쁜 기억을 지워드립니다

성공은 버리고 떠날 수 있다. 더구나 자신과 일체화된 것이 아니므로 좌절한다고 해서 그 자신의 생명이 없어지는 것도 아니다.

성공을 행복의 기준으로 여기는 사람은 좌절하면 더 이상 살아갈 수 없다고 생각하겠지만, 오히려 진정한 행복을 통해 우리는 온갖 곤란과 싸울 수 있다. "행복을 무기로 싸우는 자만이 쓰러져도 여전히 행복하다"라고 미키 기요시가 말한 것은 좌절한다고 해도 행복할 수 있다는 뜻이다.

그러니 성공하지 못한다고 해서 인생이 끝나는 것은 아니다. 진정한 행복으로 고난과 싸워 나가면 된다.

그런데 고난과 싸운다고 해서 무언가 특별한 일을 해내야 하는 건 아니다. 미키 기요시는 성공은 '과정'이라고 말한다. 성공하기 위해서는 무언가를 달성해야 한다는 뜻이다. 그에 비해 행복은 '존재'다. 아무것도 달성하지 않아도 인간에게는 지금, 여기에 행복이 '있다'는 의미다. 이것이야말로 진정한 행복이다.

성공을 위해 지금, 여기에 있는 행복을 희생하지 않아도 되며, 성공해야 비로소 행복할 수 있다고 생각할 필요도 없다. 좌절할지언정 여전히 행복하다고 생각할 때 인간은 살아갈 용기를 가질 수 있다. 미키 기요시는 거듭 말한다.

"성공이란 진보의 관념과 마찬가지로 직선적인 향상이라고 간주된다. 그러나 행복에는 원래 진보가 없다."

_미키 기요시, 《인생론 노트》

행복은 진보나 향상과는 무관하다. 지금 있는 그대로의 자신으로 있는 것 자체가 행복이다. 이 영화의 오프닝에 인용된 다음의 시가 눈길을 끈다.

내려갈 때 보았네
올라갈 때 보지 못한
그 꽃

_고은, 〈그 꽃〉,《순간의 꽃》

성공을 향해 위로 올라갈 때는 꽃이 보이지 않는다. 행복이라는 이름의 그 꽃은 올라가지 않아도, 내려가지 않아도 지금, 여기서 보이는 법이다.

나쁜 기억을 지워드립니다

잘 살기
위해
일한다는 것

철학자의 말

인간은 단지 자기 자신만을 위해 일하지 않는다. 일에 따라 공헌하는 방법은 달라도, 자신이 하는 일로 어떠한 형태로든 남에게 도움이 된다고 생각하면 자기 일이 좋아지면서 그 일에 몰두할 수 있다.

열정 같은 소리 하고 있네

'어떤 일에 열렬한 애정을 가지고 열중하는 마음'을 의미하는 말, 열정. 하지만 "일할 기회를 줄 테니 대가를 바라지 말고 열심히 일해"라는 뜻의 '열정페이'란 신조어에서 보듯 열정은 한국 사회에서, 특히 청년들에게 많은 함의를 가진 말로 바뀌었다.

〈열정 같은 소리 하고 있네〉(정기훈, 2015)는 이 열정페이에 청춘을 바치는 청년 인턴 '도라희'의 고단한 삶을 코믹하게 그려 낸 영화다. 좁은 취업 문을 뚫고 간신히 언론사에 첫발을 내디뎠건만, 직장 상사의 쏟아지는 질타와 낯선 업무에 전전긍긍하는 라희. 영화 속 그의 극한 분투기는 개인의 단순한 노력 문제가 아닌 한국 사회의 만만치 않은 취업 문제와 노동 현장이라는 현실 인식에서 출발한 것이리라.

이런 라희가 불만에 가득 찬 직장 생활과 괴팍한 상사에 대한 고민을 들고 철학자의 방문을 두드린다. 사회 초년생과 철학자가 '직장과 업무에서 인간관계'를 화두로 펼치는 진솔한 대화에 귀 기울여 보자.

재판	수습은 기본급 90에 수당, 월차, 휴가 없다. 그거 이야기 들었지? 가 봐.
라희	저, 그런데요. 쉬는 날이 아예 없는 거예요?
재판	이게 무슨 사이코패스야 뭐야? 없어, 임마! 야, 너 안 할 거면 지금이라도 이야기해. 할 거야 말 거야? 빨리 말해. 하나, 둘, 둘 반.
라희	하겠습니다. 네.
재판	당연히 해야지, 임마. 야, 열정만 있으면 못 할 게 뭐가 있어? 그래, 안 그래?

라희　지금 하고 있는 일이 저하고 안 맞는 것 같아요.

철학자　어떤 일을 하는데요?

라희　신문사에서 수습사원으로 일하고 있어요.

철학자　왜 그 일이 본인에게 맞지 않는다고 생각하죠?

라희　적성에 맞고 안 맞고를 떠나 처우가 너무 안 좋아요. 대학 때까지 정말 이 악물고 공부했는데, 월급도 적고 쉬는 날도 없고요.

철학자　그럼 일이 적성에 안 맞는다고 생각하는 이유는요?

라희　제 상사가 매일 호통만 쳐서 도저히 견딜 수가 없어요. 전 나름 최선을 다하고 있는데, 무턱대고 고래고래 소리 지르면서 다그치는 것도 모자라 "열정만 있으면 못할 게 뭐가 있어?"라고 하더라고요. 만약 제가 일을 그만둔다면, 요즘 젊은 애들은 열정이 없어서 그런다고 할 거예요. 뭐든 끝까지 해내는 법이 없다고요. 근데, 전 열정만 가지고 뭐든 할 수 있다고 생각하지는 않거든요.

철학자 그럼 열정 말고 또 어떤 게 필요하다고 생각해요? 아니면 열정은 필요 없다는 말인가요?

라희 열정이 없는 것보단 있는 편이 좋다고 생각하지만, 열정만으로는 충분치 않다고 생각해요. 전 지금 다니는 신문사에 입사한 지 얼마 안 된 햇병아리인데, 대체 뭐부터 해야 할지 잘 모르겠거든요. 그런데 아무것도 제게 가르쳐 주려 하지 않아요.

철학자 대학에서 배운 것들은 지금 하는 일에 도움이 되지 않는 건가요?

라희 물론 도움이 되죠. 하지만 취직하고 나서 그대로 써먹을 수 있는 건 아니더라고요. 그래서 어떻게 하면 좋을지 상사한테 가르침을 받고 싶은데, 하나도 알려 주지 않아요. 하나부터 열까지 다 지시해야 하느냐고 호통만 들었어요.

철학자 스스로 알아서 배우라는 건가요?

라희   그런 뜻이겠죠.

철학자   이런 이야기가 있어요. 옛날에 검술을 배우고 싶어서
유명한 검술가 밑에 제자로 들어간 사람이 있었어요.
스승과 같이 살면서 집안일을 한다는 조건으로요. 제
자는 당연히 곧바로 가르침을 받을 수 있을 거라 생각
했는데, 매일같이 요리와 청소를 하고 스승의 잡다한
일을 챙기는 것밖에 할 수 없었죠.
하루하루 시간이 흘러도 도무지 검술을 가르쳐 줄 기
미가 보이지 않았어요. 그러던 어느 날, 도저히 견딜 수
없었던 제자는 그만 자신이 만든 요리의 간을 보고 있
는 스승을 뒤에서 칼로 찌르고 말았답니다.

라희   그래서요? 어떻게 됐죠?

철학자   스승은 뒤를 돌아보지도 않고 냄비 뚜껑으로 칼을 막
아 냈지요. 그 순간 제자는 검술의 심오한 경지를 깨달
았다고 합니다.

라희   제 상사가 그런 스승이란 말씀인가요?

철학자   네, 상사가 부하 직원에게 가르치려 하지 않고 스스로

배우라고 말했다면 그 스승과 다를 바 없다는 생각이 들어요.

라희   그럼 왜 그렇게 호통을 치는 걸까요?

철학자   어떤 상사는 부하 직원에게 자기의 무능함을 간파당하지 않을까 두려워하기도 합니다. 업무와는 직접 상관이 없는 문제까지 다그치고 질타하면서 아랫사람을 깎아내리고 상대적으로 자신의 가치를 높이려는 거죠. 정말 유능한 상사라면 그런 일은 하지 않을 겁니다. 근데 라희 씨 상사는 무능한 사람인가요?

라희   아니요. 인정하기는 싫지만, 유능한 분이에요. 거의 호통에 가깝지만 제 취재에서 부족한 점을 바로바로 지적도 해 주세요. 맞는 말이라고 확실히 납득이 될 정도로요.

철학자   그렇다면 배우면 되는 거 아닌가요?

라희   전 공연히 화내며 호통치는 상사는 싫어요. 어떻게 해야 좋을까요?

철학자   "그냥 차분하게 말씀해 주시면 안 될까요?"라고 이야기

나쁜 기억을 지워드립니다

해 보는 건 어때요?

라희   그랬다간 더 큰 불호령이 떨어질 것 같은데요.

철학자   중요한 건 상사가 하는 말의 내용이 옳은지 그른지 판단하는 것뿐이에요. 호통을 친다 하더라도 상사가 옳은 말을 한다면 받아들이고, 그렇지 않다면…….

라희   "그건 아닙니다"라고 반박하라는 건가요?

철학자   맞아요.

라희   그건 말도 안 돼요.

철학자   아니 왜요? 회사에서는 어떤 발언을 하는지가 중요하지, 누가 말하는지는 문제가 되지 않습니다. 상사가 틀린 말을 할 때, 라희 씨는 묵인하고 말 건가요?

라희   그래도 "그건 아닙니다"라고 반박했다가는 큰일이 벌어질 거예요.

철학자   어떤 일이 벌어지는데요?

라희 　내일부터 나오지 말라는 얘기를 듣게 되겠죠. 이 회사를 그만두면 다른 일을 구할 수 있을지조차 모르는 상황인데…….

철학자 　그렇다고 해서 상사가 무슨 말을 하든지 다 감수할 생각인가요?

라희 　…….

철학자 　저도 젊은 사람들과 함께 일할 기회가 많은데요. 그럴 때 언제 즐겁다는 생각이 드는지 아세요?

라희 　전 일이 재미있다고 생각해 본 적이 별로 없어서…….

철학자 　그건 좀 안타깝군요. 제가 젊은 사람들과 함께 일하면서 즐겁단 생각이 드는 순간은 그들이 제 말에 "아니요"라고 대답할 때입니다. '예스맨'과 일하다 보면 하나도 재미가 없어요. 만약 라희 씨 상사가 제대로 된 사람이라면, 라희 씨가 반론을 제기하더라도 무조건 억누르려고 하지는 않을 겁니다.

라희 　제가 회사에서 따돌림당하는 일은 없을까요?

　나쁜 기억을 지워드립니다

철학자   없을 겁니다. 라희 씨가 말하는 내용과 하려는 일이 타당하다면 반드시 라희 씨를 지지하는 사람이 주변에 있을 겁니다.

라희   없으면요?

철학자   그렇진 않을 것 같지만, 다른 사람들과의 관계는 차치하더라도 상사와의 관계만 놓고 한번 생각해 봅시다. 라희 씨가 두려워하지 않고 상사에게 자기 생각을 털어놓는다면, 상사는 라희 씨를 여타 부하 직원들과 다르다고 인식하게 될 겁니다. 라희 씨의 모습에서 과거의 자신을 떠올릴지도 몰라요.
그러면 상사는 적어도 라희 씨와 관계를 구축하는 방식을 바꿀 겁니다. 다른 부하 직원들한테는 어떻게 대할지 모르겠지만요.

라희   쉽지는 않겠지만, 선생님 말씀대로 제 생각을 온전히 표현하도록 노력해 보겠습니다. 아무 까닭 없이 생트집을 잡거나 다그치면 거부하도록 하고요. 그런데, 어떻게 하면 일이 즐겁다고 느낄 수가 있을까요?

철학자   상사가 자신을 어떻게 볼까 전전긍긍해서는 일이 즐겁지 않습니다. 그런 사람은 자기 이해관계에만 관심이 있는 거죠. 상사의 표정을 살피는 걸 일이라고 할 수는 없잖아요. 라희 씨는 왜 신문사에서 일하고 싶었나요?

라희   사회의 부조리를 고발하고 싶었어요……. 지금 있는 부서에서는 어렵겠지만요.

철학자   그럴까요? 일을 즐겁다고 느끼기 위해서는 공헌감을 가지는 것이 필요합니다.

라희   공헌감이요?

철학자   어떤 방식으로든 자신이 도움 되고 있다고 느낄 수 있다면, 힘든 일도 보람으로 다가올 겁니다. 상사가 날 어떻게 볼까 전전긍긍해서는 안 됩니다. 관심이 자기가 아니라 사회를 향하도록 해야 합니다.

라희   선생님은 열정이 있으면 뭐든지 할 수 있다고 생각하시나요?

철학자   열정은 필요하겠죠. 그렇지만 중요한 것은 그 열정을 어디로 향하게 할 것인가입니다. 라희 씨는 어디로 향해야 좋을지 이미 알고 있죠?

내가 중학생일 때 이야기다. 한 선생님이 갑자기 학생들에게 질문을 던졌다. 돈 잘 버는 일과 좋아하는 일 중에서 택하라면 어느 쪽을 고르겠느냐고. 그땐 아직 일해 본 경험이 없었던 터라 둘 다 어떤 것인지 실감할 수 없었다. 하지만 지금껏 그 일을 기억하고 있는 건 그 뒤로도 이 질문에 대해 간간이 곱씹어 봤기 때문이다.

그 선생님은 학생들에게 좋아하는 일이 아니라면 피땀 어린 노력을 할 수 없으며 월급이 적더라도 좋아하는 일을 한다면 최선을 다해 일에 매진할 수 있기 때문에 언젠가는 경제적으로도 보상받을 수 있다고 말씀하셨다. 돌이켜 생각해 보면, 당시 선생님은 '어떻게 해야 일을 좋아하게 되는지'에 대해서는 아무 언급도 하지 않으셨다.

나는 일하면서 공헌감을 느끼는지 여부가 이 같은 문제에서 결정적이라고 생각한다. 공헌감이야말로 우리가 일을 좋아하게 만드는 요인이다. 아들러는 다음과 같이 말한다.

"누군가가 신발을 만든다면 그는 다른 사람에게 유용한 사람이 된다. 사회에 도움이 된다는 감각을 얻을 수 있고,

이런 감각이야말로 열등감을 줄일 수 있다."

_알프레드 아들러,《삶의 의미》

누구나 혼자 힘으로 신발을 만들 수 있는 것은 아니다. 설사 신발을 만들 수 있다 해도, 그 일 말고도 다른 할 일이 많기 때문에 굳이 그 일만 고집할 필요는 없다. 그래서 보통은 스스로 신발을 만들지 않고 신발 제작 기술을 가진 다른 사람이 만든 제품을 사서 신는다. 물론 신발 장인도 자신이 만들지 못하는 물건이 필요할 때는 남들이 만든 것을 구해 쓴다.

신발 장인은 자기뿐 아니라 신발을 필요로 하는 누군가를 위해 신발을 만든다. 이때 자신이 제작한 신발을 구입한 사람에게 '유용한 사람'이 되며, 신발을 만듦으로써 '사회에 도움이 된다는 감각'을 가질 수 있게 된다. 이 '사회에 도움이 된다는 감각'이 바로 '공헌감'이다.

그렇다면 공헌감이 '열등감을 줄일 수 있다'는 말은 무슨 의미일까? 아들러는 다음과 같이 이야기한다.

"자신이 가치 있다고 생각하는 것은 자신의 행동이 공동체에 유익할 때뿐이다."

_카렌 드레셔Karen Drescher,《아들러 강연Adler Speaks》

자신이 '가치 있다'고 생각하는 일의 반대는 자신이 '무가치

하다'거나 '가치가 떨어진다'고 느끼는 것이다. 이것이 곧 '열등
감'이다. 신발 장인은 '신발 제작'이라는 행동으로 타인에게 유용
할 수 있으며, 이를 통해 자신이 '사회에 도움이 된다는 감각' 즉
'공헌감'을 가질 수 있기 때문에 '열등감을 완화할 수 있어' 자
신을 가치 있는 존재라고 생각하게 된다.

 아들러는 여기서 신발 만드는 일을 예로 들었지만, 어떤 일에
서든 공헌감을 느낄 수 있다. 개인들은 자신이 할 수 있는 일을
한다는 의미에서 분업을 하고 있다. 아들러는 이 '노동의 분업'
을 '인간 행복의 주된 버팀목'이라고 칭하며, 인간이 분업을 할
수 있게 된 것은 협력하는 법을 배웠기 때문이라고 말한다(알프
레드 아들러,《아들러 심리학 입문》).

 인간은 단지 자기 자신만을 위해 일하지 않는다. 일에 따라 공
헌하는 방법은 달라도, 자신이 하는 일을 통해 어떠한 형태로든
남에게 도움이 된다고 생각하면 자기 일이 좋아지면서 그 일에
몰두할 수 있다.

 앞서 말한 것처럼 나는 심근경색에 걸려 관상동맥 우회 수술
을 받은 적이 있다. 당시 수술을 집도했던 의사는 격무에 시달리
면서도 직원들에게 병원을 '놀이터'로 생각하는 것 같다는 말을
듣는 사람이었다. 그는 반나절 이상 소요되는 대수술을 소화해
내는 역량과 체력이 있었고, 수술이 없을 때 환자나 그 가족, 또
동료들과 담소를 나누며 자신의 일을 즐겼다. 그를 보면서 나 또
한 저렇게 하루하루를 즐기면서 일할 수 있다면 좋겠다는 생각

을 했다.

　그는 수술 자체도 즐기며 집도했을 것이다. 물론 사람의 생명이 걸린 일인지라 '즐긴다'는 표현이 적절치 않을 수도 있지만, 그는 수술에 대해 극도의 긴장을 수반하는 일이라거나 자신을 피폐하게 만드는 일이라고는 생각하지 않았을 것이다. 남들과 대화를 즐기던 그의 모습도 수술을 앞두고 있는 상황에서 스트레스를 발산하기 위한 목적 때문만은 아니지 않았을까. 그러한 태도는 일을 할 때든 다른 소일거리로 시간을 보낼 때든 그 의사가 살아가는 자세가 곧 인생을 즐기는 것이었기 때문이리라. 이렇듯 인생을 즐기는 태도는 사람의 생명을 구한다는 공헌감에서 기인했을 것이 분명하다.

　일에 대한 경제적 대가는커녕 취직 자체가 어려워지면서 일을 둘러싼 온갖 문제가 다방면에서 발생하고 있는 요즘, 좋아하는 일이라야 열심히 노력할 수 있다는 말이 너무 이상처럼 들릴지 모른다. 그러나 여기서 다시 한 번 자신의 일에 대해 자문해 보길 바란다. "나는 지금 정말 좋아하는 일을 하고 있나?"라고.

고상하게
고난을
견뎌 내는 법

산다는 건 고달프다. 살다 보면 괴로움도 있고 즐거움도 있는 게 아니라, 살아 있는 것은 애당초 고통이라고 해도 과언이 아니다. 그러나 "고통이 불행한가?"라고 묻는다면 반드시 그렇지만은 않다. 고통은 그 자체로 '선'도 아니고 '악'도 아닌 것이다.

우리 생애 최고의 순간 첫 번째 이야기

우리는 삶에서 어떤 형태로든 절망과 고난을 마주한다. 때로는 정말로 견디기 어려울 만큼 힘든 역경을 거치기도 한다. 여기 인생에서 도망치지도 회피하지도 않으려고 무던히 안간힘을 쓰며 버티는 여자, '미숙'이 있다. 한국 여자 핸드볼 선수들의 명승부를 감동적으로 그려 낸 작품 〈우리 생애 최고의 순간〉(임순례, 2007)은 스포츠 영화지만, 그 중심에 놓인 인물 미숙은 스포츠인이기에 앞서 누구보다 치열한 생활인이다.

삶의 무게라는 거대한 중압감에 짓눌린 그녀가 절망과 고통에 몸부림치면서도 물러서지 않으려고 무거운 발걸음을 한 발 떼어 철학자의 방문 앞에 선다. 고단한 삶에서 유연하게 대처하며 살아가고자 애쓰는 미숙과 철학자의 따스하면서도 단호한 대화에서 우리는 무엇을 얻을 수 있을까.

미숙　　최고? 그딴 게 무슨 소용인데.

　　　　야, 너도 나같이 한번 살아 봐.

　　　　하루에 열두 번도 더 혀 깨물고 확 죽어 버리고 싶어.

　　　　그래도 어떻게든 살아 보려고 얼굴에 철판 깔고 뻔뻔하게 내가 여기까지 왔는데 더는 못 버티겠다. 사는 게 치사하고 쪽팔려서 더는 못 해먹겠다. 너만 자존심 있는 거 아니다.

미숙   어떻게 해야 할지 갈피를 못 잡겠어요. 그래서 연습도
       나가지 못하고 있어요.

철학자 지금은 중요한 시기 아닌가요?

미숙   네. 하지만 이 답답함을 털어 내지 않고서는 훈련에 복
       귀할 수 없을 것 같아요.

철학자 그 답답함이란 게 뭔가요?

미숙   무엇 때문에 제가 핸드볼을 해 왔는지 모르겠어요. 핸
       드볼에만 전념할 수 있다면 이렇게 고민하는 일은 없었
       을 텐데, 가족 문제도 있고 생계를 위해선 일을 해야 해
       요. 남편이 빚을 많이 져서 제가 다른 일을 하지 않으면
       안 되거든요. 하지만 제가 번 돈도 다 남편이 진 빚을 갚
       는 데 쓸 수밖에 없어요.

철학자 일하는 게 싫은가요?

미숙   여태 핸드볼만 해 와서 뭘 해도 잘 안 되네요.

철학자   핸드볼보다 더 어려운 일은 없을 것 같은데요.

미숙   물론 어떤 일이라도 핸드볼만큼 몰입한다면 안 될 게
      없을 거예요.

철학자   그렇다면 뭘 해도 잘 안 되는 게 아니라 잘되지 않을 거
      라 생각하는 건 아닙니까?

미숙   제가 스스로 잘 안 되도록 하고 있단 말씀인가요?

철학자   저는 아이들을 어린이집에 데려다 주고 데려오는 등 나
      름 육아나 가사에 꽤 참여해 온 편입니다. 그렇지만 결
      혼할 때까지만 해도 가사에 익숙해지면 안 된다고 결심
      을 했었어요. 연구자로서 제 본연의 일이 있으므로 집
      안일에 시간을 할애해서는 안 된다고 생각했던 거죠.
      그래서 저도 모르게 집안일에는 브레이크를 걸고 있었
      습니다.

미숙   그런데 생각이 바뀌신 거네요?

철학자   네. 제가 젊었을 때 어머니께서 갑자기 병으로 쓰러져 입원하신 적이 있어요. 그 바람에 고생해서 겨우 입학한 대학원 수업에 나갈 수가 없게 됐죠. 저는 대학교수가 되고 싶었는데 말입니다.

미숙   그 꿈을 포기하셨나요?

철학자   포기한 건 아니었어요. 하지만 대학원에 다니지 못하게 된다는 건 동료들보다 뒤처지게 된다는 것을 의미했습니다. 언제 복학하게 될지 예상할 수도 없었어요.

미숙   절망하진 않으셨나요?

철학자   네, 그러지 않았어요.

미숙   어떻게 하면 절망하지 않을 수 있죠? 핸드볼은 지금까지 그래 왔던 것처럼 앞으로도 계속 제 꿈입니다. 무슨 일이 있어도 이 꿈을 포기하고 싶지 않아요.

철학자   저는 대학원과 병간호를 비교하지 않기로 했습니다. '지금은 어머니 병간호 때문에 대학원에 다닐 수 없어'라는 생각, '병 수발 때문에 내 꿈을 실현하는 데 방해받고 있어'라는 생각을 그만두기로 했죠.

미숙 씨의 경우로 생각해 볼까요? 핸드볼과 일을 저울질해서는 안 됩니다. '핸드볼이 중요하고 일은 그것을 위한 수단이야' 또는 '본래는 핸드볼에만 전념하고 싶은데 지금은 어쩔 수 없이 생계를 위해 일하고 있어'와 같이 비교해서는 안 돼요. 그 둘은 애초에 비교할 수도 없는 것입니다.

미숙   제 경우는 핸드볼과 일을 저울질해서 어느 쪽을 택할까 하고 고르는 것조차 할 수 없어요. 생활을 위해서는 일을 택할 수밖에 없거든요.

철학자   아이가 열이 나면 부모는 아이 옆에 꼭 붙어서 간병하잖아요? 이것도 부모에게는 일이에요. 그럴 때 '오늘은 훈련하러 꼭 가야 되는데 아이 간병을 해야 한다니 괴로워' 하는 식으로는 생각하지 않잖아요? 아이가 몸 상태가 몹시 좋지 않아 걱정스러울 때는 어떤 다른 생각을 할 새도 없이 간병에만 매달릴 겁니다. 그때는 아이 돌보기와 핸드볼 중 어느 쪽이 더 중요한지 따지지 않잖습니까?

방금 예를 든 경우를 포함해 핸드볼과 일 어느 쪽이나 다 소중하며 둘 사이에 가치의 우열은 없다는 겁니다.

그러니 비교할 수가 없는 것이죠. 만약 일을 하면서 지루하다고 느낀다면, 그것을 자신이 하고 싶은 일, 해야 할 일에 비해 뒤떨어지는 일이라 생각하기 때문이죠.

일에 몰두하지 못하는 이유가 하나 더 있습니다. 일을 하면서도 '난 원래 핸드볼 연습을 하고 있어야 하는데' 하고 생각하기 때문입니다.

그런 식으로 생각하는 사람은 일할 때 조바심을 느끼고 일도 즐겁게 하지 못하죠. 또 즐겁지 않으면 일에 익숙해지고 싶다는 생각이 들지 않고, 급기야 일을 괴로운 것, 시시한 것으로 여기게 됩니다.

미숙   제가 어떻게 하면 좋을까요?

철학자   무엇을 하든, 그러니까 핸드볼 연습을 하든 경기를 하든 바깥일을 하든 집안일을 하든 아이를 돌보든, 그것이 바로 지금 자신에게 주어진 현실이며 그것과 다른 현실을 살 수는 없다는 것을 알아야 합니다.

저는 어머니의 병상 곁에서 보내는 시간이 유일한 현재라는 생각에 이르자 '간병을 하고 있지 않았다면 지금쯤 대학원에서 수업을 듣고 있었을 텐데'라고 생각하지 않게 됐습니다. 그러자 제가 느끼던 초조함, 이를테면 전철 안에서 달리는 것 같은 쓸데없는 짓을 하면서(물론 실제로는 전철 안에서 뛰거나 하지 않습니다만) 초조함을 느끼는 일은 사라졌습니다.

가치와 관련해서 말하자면, 간병도 연구도 모두 중요하므로 우열을 가리는 것을 그만하자고 생각한 겁니다. 이런 것도 고민해 봐야 합니다.

핸드볼뿐 아니라 스포츠 전반에 해당하는 것이지만, 연습하고 있을 때는 그 시간이 전부이며, 또한 그 시간은 이기기 위한 '준비 시간'이 아니라는 겁니다.

미숙　　그래도 이기기 위해 훈련하는 거잖아요?

철학자　이기기 위해 훈련하는 건 아무 의미가 없습니다. 훈련에 참가하는 사람이 지금 하고 있는 훈련의 의미나 의의를 이해하지 못하고 즐길 수 없다면 헛된 훈련이 되고 맙니다. 미숙 씨는 훈련할 때 즐겁나요?

미숙　　선생님 말씀을 들으니 제 고민 중 하나가 거기에 있다는 걸 지금 깨달았어요. 이겨야 한다는 중압감이 너무 커요.

철학자　꼭 이기지 않아도 되잖아요?

　　　　　　나쁜 기억을 지워드립니다

미숙   그럴 수는 없어요. 온 국민의 응원을 받고 있으니까요. 응원해 주는 사람들의 기대에 부응해야 해요.

철학자   미숙 씨는 지난 4년간 올림픽을 위해 열심히 훈련했어요. 그러니 어떤 결과가 나오든 누군가 승패를 잣대로 미숙 씨에게 훈련이 부족했다거나 이기지 않으면 의미가 없다는 말한들 신경 쓸 필요가 없습니다. 핸드볼과 달리 한순간에 승패가 결정되는 경기도 있습니다만, 그 결과만으로 거기에 이르기까지의 연습이 전혀 무의미한 일이 되지는 않아요.

미숙   우리를 응원해 주는 사람들을 어떻게 생각해야 할까요? 자꾸 응원해 주는 분들을 위해 이겨야만 한다는 생각이 들어요.

철학자   아무것도 생각할 필요 없습니다. 그 사람들을 떠올리며 기대에 부응해야 한다고 생각하기 때문에 또 중압감에 시달리게 되는 겁니다.

미숙   우리를 응원해 주는 사람들의 기대에 부응하지 않아도 된다는 뜻인가요……?

철학자   응원해 주는 사람들은 당신들이 뛰는 모습에서 용기를
         얻는 겁니다. 승패는 상관없어요. 이기지 못했다고 해서
         등을 돌릴 것 같으면 그런 사람은 진짜 팬이 아닙니다.
         저는 핸드볼보다 더 소중한 것이 있다고 생각해요. 스
         포츠는 이기기 위해서만 하는 게 아니에요. 일도 생계
         를 위해서만 하는 게 아닌 것처럼 말이죠.
         사람은 일하기 위해 사는 게 아니라, 행복하게 살기 위
         해 일하는 겁니다. 이기지 않으면 의미가 없다는 식의
         생각은 시대에 뒤떨어졌어요. 이기든 지든 진지하게 최
         선을 다한 선수가 시합 후에 기뻐하는 모습을 보는 것
         이 응원하는 사람으로서도 기쁠 거예요.

미숙   사실은 예전 감독님을 만나고 왔어요.

철학자   어떤 이야기를 하시던가요?

미숙   그동안 감독님은 끊임없이 몰아치면서 중압감에 짓눌
         려 살았지만, 지금은 가르치면서 흐르는 구름을 보며
         사색에 잠기는 순간도 있다고요.

철학자   지금 미숙 씨에게는 그런 순간이 있습니까?

미숙   없습니다.

철학자   저는 그런 순간을 경험하기 위해 진지하게 일하거나 스포츠를 하며 살아간다고 생각합니다. 뭔가 대단한 결과를 내지 않아도 됩니다. 우승을 목표로 하는 것은 좋습니다. 하지만 그러한 목표를 달성한 순간에 얻을 수 있는 기쁨만이 가치가 있는 건 아니에요. 어떤 순간이든 모두 인생에서 소중하고 고귀한 순간입니다.

미숙   뭔지 알 것 같아요. 그럼 지금 닥친 제 인생의 고난은 어떻게 극복할 수 있을까요?

철학자   핸드볼이라면 혼자만의 힘으로 이기려고 생각하지 않을 테고, 실제로 그런 일은 가능하지도 않습니다. 지금 집안에서 일어나는 일도 마찬가지입니다. 미숙 씨가 모든 문제를 도맡아 해결할 수는 없습니다.

미숙   제가 도대체 뭘 할 수 있을까요?

철학자   남편을 신뢰하는 일입니다.

미숙   어떻게 하면 그이를 신뢰할 수 있나요? 신뢰란 게 도대체 뭐죠?

철학자   먼저 남편의 언행에 좋은 의도가 있다는 것을 믿는 겁니다.

미숙   항상 속만 썩이는 그이를 믿으라고요?

철학자   정말로 '항상'일까요……. 저는 그분이 미숙 씨가 꿈을 실현하는 것을 방해하고 있다고 생각하지 않습니다. 설령 그렇게 미루어 볼 수밖에 없는 행동을 하더라도 미숙 씨가 '본심이 아니라고' 생각했으면 합니다.
다른 하나는 남편이 스스로 자신의 과제를 해결할 수 있을 거라고 믿는 것입니다. 물론 미숙 씨가 할 수 있는 일이 있다면 힘이 돼 주면 좋겠죠. 하지만 부부라도 같이할 수 있는 것과 할 수 없는 것이 있습니다.

미숙   감독님도 같은 말씀을 하셨어요. 그러다가 다시 일어설 거라고.

철학자   그렇게 남편을 믿고 미숙 씨는 자신의 꿈을 이루기 위해 노력하면 됩니다. 설령 무슨 일이 생긴다 해도요.

산다는 건 고달프다. 살다 보면 괴로움도 있고 즐거움도 있는 게 아니라, 살아 있는 것은 본래 고통이라고 해도 과언이 아니다.

불교에서는 인간이 벗어날 수 없는 네 가지 고통을 '생로병사'라 한다. 처음 이 말을 들었을 때 노, 병, 사가 고통이라는 것은 이해가 갔지만 '생'이 왜 고통에 속하는지 알 수 없었다. 젊었을 때의 나는 아직 인생의 고통을 깊이 겪지 않았던 모양이다. 아파 본 적은 있어도 늙음에 관해 젊은 나로서는 알 길이 없었고, 죽음에 관해서도 당연히 타자의 죽음을 통해 부재로서밖에 알 수 없었다(나뿐 아니라 인간은 살아 있는 한 자신의 죽음을 경험한다는 건 불가능한 일이지만).

고대 그리스인들도 생의 고통을 알고 있었다. 플라톤은 다음과 같이 말했다.

> "살아 있는 모든 생명체는 태어난다는 것부터가 애초에 괴로운 일이다."
>
> _플라톤,《에피노미스Epinomis》

고대 그리스인에게는 태어나지 않는 것이 가장 행복한 일이고, 그다음으로 행복한 일이 태어나자마자 일찍 죽는 것이었다. 황당무계하게 들릴지도 모르지만 분명 태어났기 때문에 인간은 괴롭다. 자연재해나 사고를 당하기도 하고, 크나큰 일을 겨지 않더라도 타자가 우리의 앞길을 가로막기도 한다. 타자와의 관계에 얽히지 않으면 괴로울 일도 없겠지만 그러지 않은 채 살아갈 수는 없다.

그러나 "고통이 불행한가?"라고 묻는다면 반드시 그렇지만은 않다. 앞에서 말한 것처럼 고대 로마의 스토아학파 철학자들은 고통이 '선악무기'라고 생각했다. 고통은 그 자체로 '선'도 아니고 '악'도 아닌 것이다. 이 선악에는 도덕적 의미가 없고, 그저 선은 '득이 된다', 악은 '득이 되지 않는다'는 뜻이다.

괴로운 일을 당하는 것은 피할 수 없다. 그러나 그것이 바로 '악'은 아니다. 고통과 어떻게 마주할 것인가에 따라 그것이 선인지 악인지가 결정된다.

사람과 얽히지 않으면 괴로울 일이 없을지 모르지만, 고난의 한복판에 있을 때 반드시 우리는 타자에 의해 구원을 받는다. 그때야 비로소 사람은 혼자 사는 게 아니라는 사실을 실감하게 되리라.

스토아학파 철학자이자 고대 로마 황제인 마르쿠스 아우렐리우스는 "고난을 고상하게 견뎌라"라고 말했다. 물론 고상하게 견디기란 여간 쉽지 않으며, 그렇기는커녕 잠시도 버티기 어려울 수 있다. 그러나 인간은 단지 운명에 휩쓸려 가는 나약한 존재가 아니다. 시간이 걸리더라도 고난을 극복해 나갈 수 있다는데에 인간의 존재 의의가 있다. 고난의 한복판에 있는 사람에게 내가 할 수 있는 일이란 별로 없다. 그저 "살아라"라고 말을 건네는 것밖에.

나쁜 기억을 지워드립니다

있는 그대로
현실을
볼 수 있다면

철학자의 말

이상이 존재하지 않는 건 아니다. 이 세상 그 어디든 완전한 이상은 실현
되지 않았으며, 오히려 부정과 악으로 가득 차 있기 때문에 되레 이상을
잃어버려서는 안 된다. 그렇다면 완전함과는 거리가 먼 부정과 악으로 가
득 찬 이 세상에서 어떻게 하면 이상을 찾아낼 수 있을까?

시

여러 난관을 맞닥뜨리며 살다 보면 감당하기 어려운 현실을 외면하고 세상과 거래하는 법을 터득하게 된다. 적당한 타협과 방어, 포기 그리고 변명들과 함께. 이렇게 견고해진 자기방어식 울타리는 자신의 입장과 이해만을 껴안은 채 타자의 절망에 눈감게 만든다. 그러나 여기 피해자의 입장에 공감하며, 타자의 삶에 목격자가 되고 그 목소리를 대변한 인물이 있다. 이 비정한 세상에서 타자의 고통을 온전히 직시하며 감싸 안은 영화 〈시〉(이창동, 2010)를 불러 본다.

이혼한 딸이 맡기고 간 중학생 손자를 홀로 키우며 살아가는 평범한 할머니 '미자美子'. 고된 일상 속에서 문화원의 시 쓰기 강좌를 들으며 아름다움美을 찾는 데 몰두하게 된 그는 세상과 다소 동떨어진 면도 간직하고 있다. 그러나 집단 성폭행 사건의 가해자 중 하나가 손자라는 사실을 접한 뒤, 세상은 시처럼 아름답지만은 않다는 추악한 진실을 마주하고 흔들린다. 아이들의 장래를 위한다는 미명 아래 그들이 저지른 죄를 무마시키려고 하는 현실 앞에서 미자는 과연 어떤 태도를 취해야 할까?

미자   희진이 엄마랑 얘기 잘됐어요?

기범 부   예, 잘됐어요. 이제 위자료 삼천만 원만 넘어가면 모든 것이 다 깨끗하게 마무리됩니다. 옥이 할머니 돈까지 됐으니까 노 프라블럼. 이제 아무 문제 없습니다. 그래 가지고 지금 우리끼리 간단하게 한잔하려고요. 다들 마음고생 좀 했으니까.

미자   이제 이대로 다 끝난 건가요? 완전히?

미자   우리 손자가 친구들과 같은 학교 여자애를 성폭행했습니다. 그 여자애는 자살했어요. 어릴 때부터 쭉 봐 온 제 손자가 그런 일을 저지르다니 도저히 믿을 수 없는 심정이에요.

철학자   부모가 자식에게 해야 할 일은 아, 미자 씨의 경우는 할머니가 손자에게 해야 할 일이 되겠지만, 자신이 한 일에 대해 책임지는 법을 가르치는 것입니다. 부모든, 할머니든 대신 책임질 수는 없어요.

미자   그 애가 앞장서서 그런 짓을 했다고는 생각하지 않아요. 하라는 대로 마지못해 따른 게 아닌가 싶어요.

철학자   그렇다 하더라도 책임을 면할 수는 없습니다. 아직 말씀을 안 해주셔서 여쭙겠는데요. 그 손자의 어머니는 이번 일을 어떻게 생각하고 있나요? 미자 씨의 따님 말이에요.

미자   딸은 지금 부산에서 살고 있어요. 우리 딸과 저는 친구

같은 사이라 자주 통화하죠. 딸하고는 무슨 이야기든 할 수 있어요.

철학자 그렇다면 이미 이번 사건에 대해 따님에게 말씀하셨겠네요.

미자 아니요. 제가 어떻게든 혼자 해결할 수 없을까 고민하고 있습니다.

철학자 그건 무리 아닐까요? 무슨 일이든 얘기하신다면 이번 일도 솔직하게 얘기하셔야 되는 것 아닌가요?

미자 제가 손자를 키우고 있는데, 왜 이렇게 된 거냐고 딸한테 비난받을까 봐 무서워서 말을 못 꺼내겠어요. 제게도 책임이 있잖아요?

철학자 없는 건 아닙니다. 하지만 손자의 어머니에게 책임이 없느냐 하면 그렇지 않아요. 비록 멀리 떨어져 지낸다 하더라도요. 어머니나 할머니에게도 간접적으로는 책임이 있습니다. 그러나 분명한 것은 직접적인 행위의 책임은 본인에게 있기 때문에 다른 사람이 대신 책임질 수 없다는 겁니다. 저는 그 손자가 어머니가 아니라 할머니한

나쁜 기억을 지워드립니다

테서 자랐기 때문에 이런 짓을 저질렀다고는 생각하지 않습니다.

미자   책임을 진다는 것은 구체적으로 무슨 뜻인가요?

철학자   형사 처벌을 받는 것입니다.

미자   중학생인데요?

철학자   당연하죠. 이럴 때 어떻게 하는 것이 자기가 한 일에 책임을 지는 것인가를 가르치는 게 어른들이 해야 할 일입니다. 분명 미자 씨의 손자도 이번 일로 괴로워하고 있을 거예요.

미자   게임만 하고 제가 말을 걸어도 눈도 마주치려 하지 않아요. 괴로워하는 것처럼 보이지는 않던데요.

철학자   그렇게 '보일' 뿐일지도 몰라요. 손자와는 진지하게 얘기해 보셨나요?

미자   왜 그런 일을 했는지 따져 봤어요.

철학자   부정하던가요?

미자   아니요. 왜 그랬느냐만 물어보고 확실하게 무엇을 했는
      지는 물어보지 않았어요.

철학자   그때 기분이 어떠셨나요?

미자   화났다기보다는 슬펐어요. 그 애가 왜 그런 짓을 저질
      렀나 싶어서요. 그 아이가 제 손자라는 생각이 들지 않
      을 정도예요. 갑자기 떠오른 기억이 있는데요. 제가 아
      주 어렸을 때 우리 엄마가 아파서 일곱 살 위의 언니가
      절 봐 준 적이 있었어요. 당시 저는 언니가 저를 무척
      예뻐한다는 생각을 했어요.

철학자   지금 미자 씨가 그 얘기를 떠올리게 된 데는 이유가 있
      습니다. 현재의 미자 씨가 자신과 자신을 둘러싼 세계를
      어떻게 보고 있느냐와 관련이 있죠. 그래서 과거의 무수
      히 많은 기억 중에 현재의 미자 씨 자신이나 세계에 대
      한 관점과 일치하는 특정한 기억만을 되살린 거예요.
      기억 속 언니는 지금 제 엄마를 대신해 손자를 돌보고
      있는 미자 씨 자신이죠. 당신이 언니의 사랑을 받았다
      고 생각했듯이, 미자 씨 세계에서는 제 엄마와 함께 살

나쁜 기억을 지워드립니다

지 않는 손자가 미자 씨의 사랑을 받고 있을 겁니다. 그래서 자신의 어릴 적 일을 떠올린 것이죠. 하지만 걱정하실 일은 없습니다. 미자 씨의 손자는 지금도 계속 할머니에게 사랑받고 있다고 생각할 거예요.

미자   그럴까요?

철학자   미자 씨한테 사랑받고 있단 생각이 들기 때문에 손자가 괴로워하는 겁니다.

미자   왜죠?

철학자   미자 씨의 신뢰를 배신하고 싶지 않기 때문입니다.

미자   퉁명스럽게 구는 적도 있는데요.

철학자   중학생에게 드문 일도 아닌데요. 폭언을 퍼붓거나 폭력을 휘두른 적은요?

미자   절대 없어요. 이제 제가 뭘 하면 될까요?

철학자   있는 그대로의 그를 받아들이는 겁니다.

미자   …….

철학자   그런 걸 미자 씨 말고 도대체 누가 할 수 있단 말입니
         까? 그가 자신이 저지른 일에 책임을 져야 한다는 것과
         미자 씨가 있는 그대로의 그를 받아들인다는 것은 별개
         입니다. 지금 손자에게는 무슨 일이 있어도 자신을 받
         아 주는 사람이 있다는 것을 아는 게 중요합니다.

미자   실은 자살한 여자애 어머니와 합의하려고 가해 부모들
         끼리 모여 협상을 진행하고 있어요. 아이들의 장래를 생
         각한다면 그렇게 하는 게 좋다면서요.

철학자   그건 아이들이 스스로 져야 할 책임을 어른들이 대신
         떠맡는 겁니다. 게다가 이대로 합의해 끝내 버린다면,
         일의 진상을 알 수 없게 되겠죠.
         손자는 주범이 아닐지도 모릅니다. 그런 일은 앞으로 재
         판 과정에서 밝혀질 겁니다. 아이들의 장래를 위해서라
         고 말하는 부모들도 사실은 자신들을 위해서 일을 악
         화시키고 싶지 않을 뿐입니다.

미자   있는 그대로 받아들여야 한단 얘기를 들으니 말씀드리
         는데요. 저는 시를 쓰고 있어요. 정확히 말하면, 시를

쓰는 과제를 받았고 그래서 항상 노트를 들고 다니는데요. 제게 시를 가르쳐 주시는 선생님은 세계를 '보는' 것이 중요하다고 말씀하셨어요.

처음 문화원에 간 날, 선생님께서 이런 말씀을 하시더라고요. "여러분은 지금까지 사과를 한 번도 본 적이 없어요"라고. 진짜로 본 게 아니라고요. 사과를 정말 알고 싶어서 관심을 갖고, 이해하고 싶어서, 대화하고 싶어서 보는 게 진짜 보는 거라고요.

철학자   그래서 늘 노트를 들고 다니시는군요.

미자   네. 처음에는 아름다움을 찾아다녔어요. 꽃이라든가 새 소리라든가. 근데 살구가 땅에 떨어져 있는 것을 보고 간절하단 생각이 들었어요. 떨어져 있는 모습이 아름답더라고요.

철학자   이 세상에 있는 아름다움은 모두 완전한 아름다움이 아닙니다. 헌데, 누가 봐도 아름다운 대상뿐 아니라 보통은 아름답지 않다고 여겨지는 것을 봐도 완전한 미를 떠올릴 수 있습니다.

미자   제가 시를 쓰려고 하다 보니 죽은 여자애의 발자취를

좇고 있는 거예요. 그 애가 죽기 전에 무엇을 보고, 무슨 생각을 했는지 궁금해져서요. 이게 시인 선생님이 말한 '본다'는 것이구나, 그 애를 알게 된다면 손자도 알 수 있을 텐데 하는 생각이 들었어요. 이번 일이 생기고 나서 오랫동안 같이 살아온 손자를 조금도 보고 있지 않았을 수도 있겠다는 걸 깨달았어요.

철학자   자신조차 보지 않았을지도 모르죠.

미자   그럴지도 모르겠어요. 아까 선생님이 말씀하신, 있는 그대로 받아들인다는 말이 제가 듣고 이해한 게 맞는다면, 이 세상을 있는 그대로 받아들인다는 건 그 안에 있는 악과 부정한 일도 외면해선 안 된다는 거죠? 그렇게 하려면 엄청난 용기가 필요하잖아요. 그 용기를 갖게 되면 시를 쓸 수 있을지, 그 용기를 갖기 위해 시를 쓰는 것인지는 모르겠어요. 무슨 일이 있더라도 얼마나 깊이 사랑했었는지 알 수 있도록 시를 써 보려고요. 그럼, 전 이만 실례할게요.

철학자   아, 기다려 주세요. 아직 하고 싶은 말이……. 얼마나 깊이 사랑'했었는지'라고요?

미자에게 시를 가르치는 김 시인은 보는 것이 중요하다고 가르친다. 우리는 단 한 번도 사과를 본 적이 없다는 시인의 말을 듣고, 나는 입문자에게 소묘를 가르치던 쓰다 세이후津田青楓 화백이 남긴 이 말이 떠올랐다.

화백은 석고의 목을 가리키며 이렇게 말했다. "여러분이 저걸 그릴 거라고 생각한다면 오산이네. 보는 거라네. 바라보는 거지. 바라보는 사이에 여러 가지 것들이 보이기 시작할 거야. '이렇게 미묘한 그림자가 있었구나' 하고 스스로 놀랄 정도로 얼마든지 새로운 것이 보일 거야. 그걸 끝까지 들여다보는 사이에 손이 저절로 움직이기 시작할 거라네."

일본의 철학자이자 윤리학자인 와쓰지 데쓰로和辻哲郎는 이 화백의 말을 《풍토風土》에서 소개하면서 화백 자신이 이해하고 있던 것보다 더 중요한 의미를 담고 있다며 이렇게 말했다.

"'본다'란 반드시 일정한 것을 투영하는 것이 아니다. 무한히 새로운 것을 찾아가는 것이다. 하여 보는 것은 곧 창조와 연결된다. 그러나 그러기 위해서는 우선 순수하게 보는 입장에 서지 않으면 안 된다. 단순히 수단으로서만 본다면 목적에 한정된 범위 이상 보려는 움직임으로는 진전되지 않을 것이다."

그리기 위해서 보는 것이 아니다. 순수하게 보는 것이다. 그러면 손도 '저절로 움직이기 시작하는' 것이다. 시 역시 마찬가지다. 김 시인은 말한다.

"무엇이든 진짜로 보게 되면 뭔가 자연스럽게 느껴지는 것
이 있어요. 샘에 물이 고이듯이. 종이와 연필을 들고 그 순
간을 기다리는 거예요."

그러면 나중에 샘솟듯 떠오르는 말들을 적어 둘 뿐이다. 여기
서부터가 문제다. 김 시인이 시를 쓴다는 것은 '아름다움을 찾
는 일' '눈앞에 보이는 것들, 일상의 삶 속에서 진정한 아름다움
을 찾는 것'이라고 했던 말처럼, 시를 쓰려면 창조 이전에 이상적
인 미美를 찾아내야 한다.

철학자도 미자에게 '완전한 미를 떠올린다'라는 말을 건넨 것
에서 알 수 있듯이, 김 시인과 비슷한 생각을 가지고 있다. 시
인이 '진정으로 보는' 세계는, 나아가 김 시인의 말을 인용하면
'흰 종이의 여백, 순수한 가능성의 세계, 창조 이전의 세계'다.
미자가 꽃을 보고 새들의 지저귀는 소리에 귀를 기울였던 것은
이런 스승의 가르침을 따랐기 때문이다.

헌데 손자를 둘러싼 사건을 계기로 미자는 현실을 외면해서
는 안 된다고 생각하게 됐다. "사실 우리 아이가 그런 짓을 했을
리 없다"라는, 현실의 손자의 저편에 있는 이상만을 봐서는 안
된다고 생각하게 됐으리라.

그런 망설임 속에서 미자는 '있는 그대로 받아들이라'는 말을
철학자로부터 들었다. 현실과 괴리된 이상을 찾으려 한들 의미가
없다. 벌어진 사건이 너무나 끔찍해 귀를 막고 눈을 가리고 싶은

나쁜 기억을 지워드립니다

일로 가득 찬 상황에서 현실을 볼 때, 말의 샘은 말라 버린다.

이상이 존재하지 않는다는 것이 아니다. 이 세상 그 어디든 완전한 이상은 실현되지 않았으며, 오히려 부정과 악으로 가득 차 있기 때문에 되레 이상을 잃어버려서는 안 된다. 그렇다면 완전함과는 거리가 먼, 부정과 악으로 가득 찬 이 세상에서 어떻게 하면 이상을 찾아낼 수 있을까?

있는 그대로 수용한다는 것은 단지 현실을 받아들이는 것이 아니라 거기에 이상의 일단—端, 혹은 편린을 보고 받아들이는 것이다. 그것을 보고 받아들일 수 없다면 오히려 이 세계를 있는 그대로 보고 있지 않다는 것이 된다. 왜냐하면, 이 현실 세계에서 이상을 떠올린다는 것은, 불완전하지만 이 세계에 이상이 존재한다는 뜻이기 때문이다.

미자의 시에 그저 그런 진부한 표현이 없는 것은 그가 알츠하이머라는 진단을 받은 탓이다. 금방 말이 떠오르지 않는 미자는 시간을 두고 한 마디 한 마디 엮어 나간다.

나의 모국에서도 끔찍한 사건이 빈번히 발생한다. 그것을 그저 남의 일로 치부하고 받아들여서는 안 된다고 생각한다. 불교에서는 '분별'(불교의 분별심은 너와 나, 옳고 그른 것을 구분하지 말라는 것-옮긴이)이라는 말을 쓰는데, 자신은 '무도한 짓을 하는 저 사람들과 다르다'고 자신과 타자를 분별해 버리는 것이다.

그런데 자식의 죄를 합의로 끝내려고 하는 부모들, 손자의 범죄를 당장 딸에게 알리지 않는 미자는 손자 종욱과 친구들이 저지른 죄를 비난할 자격이 없다. 분별할 것이 아니라 자신도 같은 잘못을 저지를 수 있는 인간임을 인정하는 것부터 시작해야 한다.

미자는 자신을 그런 사람으로 인정했기에 세상을 있는 그대로 볼 수 있었다. 나아가 시를 쓰는 것은 진정한 아름다움을 찾는 것이 아닐까 되뇌며 성폭행 피해자 희진이 생전에 본 세계를 보고, 체험했다. "나는 당신을 축복합니다"라는 아네스의 노래(극 중 미자가 쓴 시의 제목-옮긴이)가 내게는 모든 것을 용서하는 신의 소리처럼 들린다.

돌아가고 싶은
'그때'는
언제입니까?

같은 사건을 겪어도 상처받는 사람이 있고 그렇지 않은 사람이 있다. 상처
받았더라도 빨리 회복하는 사람이 있고 그렇지 않은 사람이 있다. 자신이
다시 일어설지 그러지 않을지는 자신의 결심에 달려 있기 때문이다.

박하사탕

살다 보면 가슴속에 묻어 둔 가시가 헤집고 나올 때가 있다. 그 상처를 온전히 감당할 수 없어 괴로워하며 무너지기도 한다. 어쩌면 앞으로 나아갈 기력을 잃어버릴까 봐 애써 대면하지 않고 응어리를 꾹 누른 채 그저 견디고 있는지도 모른다. 그 일로 인해 지금의 내가 이렇게 변하고 말았다고 합리화하고 외면하면서 말이다.

여기 긴 터널 속 어둠을 목도하며 울부짖는 한 사내가 있다. 1980년 5월 광주에 군인으로 투입된 뒤 순수했던 시절과 이별을 고하고 철저하게 타락의 길을 걸어간 남자 '영호'다. 한국 현대사의 비극과 맞물린 개인의 불행을 플래시백으로 거슬러 올라가며 담아낸 작품 〈박하사탕〉(이창동, 1999)을 소환해 본다.

역사의 수레바퀴에 휘말린 가해자이자 피해자인 영호는 마음에 비수처럼 깊숙이 박힌 상처를 누구에게 털어놓을 수 있을까? 회한으로 점철된 삶의 고립에서 벗어나 그는 다시 한 번 기차에 오른다. 뒤로 가던 기차가 이번에는 어둠을 뚫고 앞으로 내달린다. 자신의 트라우마와 대면할 용기를 낸 영호는 순수했던 그 시절로 돌아갈 수 있을까?

영호 왜…… 우리…… 나 돌아갈래.
이제 안 돼. 안 돼.
나 다시 돌아갈래!

영호　어제 차에서 라디오를 듣다가 우연히 20년 전 공장에서 같이 일했던 동료가 야유회를 한다며 모이자고 이야기하는 걸 들었어요. 그 말을 듣고 가고 싶다는 마음이 들었다가 금세 가면 안 되겠다고 생각을 바꿨어요.

철학자　왜 그렇게 생각했나요?

영호　오랜만에 만나면 그동안 어떻게 살았는지, 지금은 뭘 하고 있는지 꼭 물어보잖아요.

철학자　영호 씨에게 물어보면 곤란한 일이라도 있나요?

영호　제가 지내 온 삶을 옛 동료들에게 알리고 싶지 않아요.

철학자　왜요?

영호　그 이후로 전 망가진 인생을 살았기 때문입니다.

철학자　그럼 과거에 관해 말하지 않거나 아무 상관없는 다른 이야기를 하면 되죠. 오랜만에 만났을 때는 재회 자체만으로 다들 기뻐하며 만족할 것 같은데요.

영호   아무도 저를 만나고 싶어 하지 않을 겁니다.

철학자 그럴까요? 분명 동료들의 얼굴을 본 순간 바로 20년 전으로 돌아갈 수 있을 거예요.

영호   네? 돌아갈 수 있다고요?

철학자 순식간에 돌아갈 수 있습니다. 외모는 달라졌어도 금방 그때의 기분에 젖어 들게 될 겁니다.

영호   그때로 돌아가고 싶고, 그때의 저로 돌아가고 싶어요. 하지만 이제 저는 과거의 제가 아닙니다.

철학자 옛 동료와의 재회가 왜 20년 전으로 돌아갈 수 있게 하냐면, 과거의 인간관계를 회복하기 때문입니다. 사람은 아무도 없이 혼자서는 변하지 않는 법이에요. 영호 씨는 왜 그때의 자신으로 돌아가고 싶은 거죠?

영호   지금은 제 인생을 망쳐 놓은 사람들에게 어떻게 복수해야 할지만 생각하고 있어요. 분노가 부글부글 끓어오릅니다. 주변 사람들은 제가 두려운지 저에게 잘 다가오지도 않죠. 하지만 옛날에는 그렇지 않았어요. 저에게 마음이 착하다고 말해 준 사람도 있었어요. 하지만 지금의 전 그렇지 않죠. 이런 저라도 변할 수 있나요?

철학자   물론입니다. 영호 씨는 이제 자신이 20년 전과 달리 더 이상 착하지 않다고 했죠? 그게 무엇보다 사람이 변할 수 있다는 증거 아니겠어요?

영호   그렇다면 사람은 어떻게 해야 변하게 되는 거죠?

철학자   변하기 위해서는 몇 가지 조건이 필요합니다. 먼저 인간관계를 바꾸는 겁니다. 앞서 말한 것처럼 사람은 혼자서는 변할 수 없어요.
영호 씨가 더 이상 착한 사람이 아니라면 영호 씨를 둘러싼 인간관계가 달라졌을 겁니다.

영호   네. 확실히 달라졌어요.

철학자   다음으로 영호 씨 자신이 변해야겠다고 결심하지 않는 한 변할 수 없습니다. 변하기 위해 용기를 내야 한다고 나 할까요.

영호   특별히 달라져야겠다고 결심한 적은 없는데요.

철학자   아닙니다. 사람은 결심하지 않고서는 변할 수 없어요.
지금 이대로라면 다음에 무슨 일이 일어날지 대체로 예
상 가능하잖아요. 하지만 지금까지와 다른 내가 되면
다음 순간에 무슨 일이 일어날지 예상할 수 없게 됩니
다. 그래서 변할 수 없다고 생각하지만, 실은 변하고 싶
지 않은 겁니다. 그러니 변하지 않겠다는 생각을 먼저
멈춰야만 해요.
그러고 나서 변하는 게 좋다는 판단이 스스로 서면 달
라질 수 있습니다. 언제 그런 판단을 내릴 수 있냐면, 자
신을 바꾸지 않으면 살아갈 수 없는 경험을 했을 때입
니다.

영호   제가 '착한 나로 사는 것을 그만두자'라고 결심했다는
말씀인가요?

철학자   그건 저로서는 알 수 없습니다.

영호   사실은 저한테 마음이 착하다고 했던 사람은 제 첫사

나쁜 기억을 지워드립니다

랑이에요. 20년 전 소풍을 갔다가 그녀와 처음 만나서 이야기를 주고받았죠. 그러고 나서 몇 년 후에 한 번 더 만난 적이 있는데, 그때 제 손을 보고 이런 손을 가진 사람이니까 마음이 참 착할 거라고 생각했다는 말을 했어요. 지금은 딴사람 같은데 손은 똑같다면서요.

전 그 말을 듣고 그녀에게 더 이상 예전의 제가 아니란 걸 알려 주고 싶었어요. 제가 딴사람처럼 보인 건 다시 그녀와 만났을 때의 제가 겉모습뿐 아니라 더 이상 그녀가 알고 있던 제가 아니었기 때문입니다.

사진기를 내밀며 "사진 찍고 싶어 했잖아요"라고 말하는 그녀에게 "나 이제 이런 거 필요 없어"라고 대꾸했어요. 젊었을 때는 사진기를 메고 이름 없는 꽃들을 찍으며 돌아다니고 싶단 생각을 했거든요.

철학자　필요 없다고 생각하려 한 건 아니었나요?

영호　무슨 뜻이죠?

철학자　필요 없어진 게 아니라 영호 씨가 필요하지 않다고 생각하려 했다는 겁니다. 즉 영호 씨는 스스로 더 이상 착하지 않은 사람으로 살기로 결심한 것입니다. 그러나 좀 전에 말했던 것처럼 사람은 변하고 싶어 하지 않고,

그래서 쉽게 변하지 않아요.

영호   저는…… 전 변해야만 했어요. 군대에서는 마냥 착하게 지낼 수만은 없었어요. 착하다기보다 유약했다고 할까요. 그해 광주에서 민주화 운동이 일어났을 때…… 전 그만…… 한 여고생을 총으로 쏴 죽이고 말았어요. 정신이 없었죠.

철학자   영호 씨는 착한 자신이 여고생을 죽였다는 걸 받아들이고 싶지 않았어요. 그래서 사건 이후의 인생에서 착하게 살 수 없었던 겁니다.
자신이 죽인 게 아니라고 생각하기 위해 그 일을 자신 안에 있는 폭력성 탓으로 돌리고 싶었던 거죠. 착한 자신과 결별해야만 했던 거예요.

영호   제 안에 있는 폭력성이요?

철학자   실제로 그런 건 없습니다. 저도 모르게 그만 욱하고 화가 나서 소리를 질렀다는 말들을 하잖아요?

영호   저도 그런 적이 있죠.

나쁜 기억을 지워드립니다

철학자 실은 '저도 모르게'가 아닙니다. 자기 안에 있는 분노가 나를 고함치게 한 게 아니라 고함치기로 결심한 겁니다. 분노에 사로잡혀 소리를 질렀다고 생각하면, 자신이 화를 내기로 결심했다는 책임에서 벗어날 수 있으리란 생각이 들죠. '난 원래 온화한 인간인데 분노에 사로잡혀서 그랬어'라고 둘러대는 쪽이 마음 편하기도 하고요. 계속 좋은 사람으로 남을 수 있기 때문이죠.

영호 제가 착해질 수 있을까요?

철학자 영호 씨는 굳이 다른 어떤 사람으로 변하지 않아도 됩니다.

영호 지금 이대로의 저라도 괜찮다는 말씀인가요?

철학자 원래의 자신으로 돌아가면 됩니다. 지금까지 한 번도 경험해 본 적 없는 내가 되기란 쉽지 않지만, 과거의 자신으로 돌아가는 것은 가능합니다. 실제로는 지금도 영호 씨는 착한 사람일 겁니다. 그런데 착한 사람으로 사는 걸 그만두려고……

영호 경찰이 됐죠……

철학자　사실 영호 씨는 조금도 달라지지 않았어요. 착한 당신으로 변하기 위해서는, 아니 더 정확히 말해 착했던 영호 씨로 돌아가기 위해서는 두 가지가 더 필요합니다.

하나는 과거에 지배받는 것을 그만두는 겁니다. 과거의 사건이 지금의 당신을 결정하는 게 아닙니다. 그렇게 생각하고 싶을지도 모르지만, 지금 이 순간에도 인생을 새롭게 살 수 있어요.

다른 하나는 타인이 동료라는 것을 알아야만 합니다. 주변 사람들이 모두 영호 씨의 삶을 망치려고 할 리 없어요. 당신에게 힘이 되어 주고 싶어 하는 사람도 있을 겁니다. 그렇게 생각하지 않나요?

영호　첫사랑 그녀를 …… 내일 찾아가 보겠습니다.

철학자　그러는 게 좋겠네요. 아, 이걸 잊으셨네요. 박하사탕.

현재의 삶이 고단하다고 생각하는 사람은 그 원인을 과거의 경험, 예를 들면 자라난 가정환경, 재해나 사고를 당했던 일 등에서 찾기도 한다. 그런 사람에게 나는 "과거는 없다"라고 단언할 때가 있다. 그렇게 생각하지 않으면 언제까지나 과거에 지배

　　　　　나쁜 기억을 지워드립니다

당하기 때문이다. 과거에 자신이 저지른 일의 책임까지 사라지는 것은 아니지만, 과거의 사건을 그 후 인생이 살기 힘들어진 원인으로 치부하는 것은 잘못이다. 아들러는 이렇게 말한다.

> "어느 날 주인의 곁에서 따라 걷도록 훈련받은 개가 차에 치이고 말았다. 개는 다행히 목숨을 건졌다. 그 후 주인과 다시 산책을 나가게 된 개는 사고를 당한 '그곳'이 무섭다는 생각에 그곳에만 가면 발이 움츠러들어 한 발짝도 앞으로 나아갈 수 없게 됐다. 그리고 그곳에는 가까이 가려고도 하지 않았다."
>
> _알프레드 아들러, 《삶의 의미》

이전에는 할 수 있었던 일을 할 수 없게 됐을 때, 왜 그렇게 되었는지 원인을 찾기 마련이다. 개가 그곳에서 차 사고를 당한 탓에 주인과 예전처럼 산책할 수 없게 됐다고 추론하는 것처럼. 이와 같이 과거가 '그곳'에 있다고 결론짓는 사람들이 많다. 물론 지금은 그곳으로 돌아갈 수 없지만, 과거의 일을 떠올리면 그 후 일어난 자신의 모든 불행이 그곳에서 비롯된 것이라는 생각을 하게 된다.

자신의 의사에 반하는 일을 강요당하는 경험을 했을 때, 이를테면 엄청난 자연재해나 사고 등을 당했을 때, 마음을 정상적으로 유지하기는 어렵다. 지진으로 대지가 흔들릴 때의 두려움은 좀처럼 가시지 않는다. 하지만 그래도 언젠가는 예전처럼 살아가야만 하고, 또 그렇게 살아갈 수 있다.

그러기 위해서는 과거를 놓아 버려야 한다. 현재의 삶이 괴롭다고 생각하는 사람은 그 원인이 과거에 있다는 생각을 그만둬야 한다. 힘든 삶이 실제로 과거의 경험 때문이라 해도 타임머신이 없는 한 과거로 돌아갈 수는 없으니 삶의 고단함 또한 극복할 수 없게 되는 셈이다.

아들러는 사람이 과거의 경험이나 외부 세계의 자극에 휘둘리는 연약한 존재가 아니라고 말한다. 사람은 반응자reactor가 아니라 행위자actor다. 뭔가를 경험했을 때, 누구나 똑같이 반응하는 게 아니라 앞으로 어떻게 할지 각자 스스로 결정할 수 있다는 뜻이다.

같은 사건을 겪어도 상처받는 사람이 있고 그렇지 않은 사람이 있다. 상처받았더라도 빨리 회복하는 사람이 있고 그렇지 않은 사람이 있다. 자신이 다시 일어설지 말지는 자신의 결심에 달려 있기 때문이다.

아들러는 트라우마(심리적 외상)가 반드시 트라우마일 필요는 없다고 말한다. 어떠한 경험도 그 자체가 성공 혹은 실패의 원인이 될 수는 없다. 사람은 경험에 의해 결정되는 것이 아니라 자신의 경험에 스스로 어떤 의미를 부여할지 결정하는 것이다(알프레드 아들러,《오늘을 살아갈 용기 아들러 심리학》).

앞서 말한 개를 예로 들자면, 개가 다시 사고를 당한 장소에

간다고 해서 반드시 사고를 당하는 건 아니다. 그저 주의하며 걸으면 될 뿐이다. 물론 아무리 주의를 기울여도 갑자기 차가 들이닥칠 수 있겠지만, 그렇다고 그곳에 다시는 가지 않겠다고 결심할 필요는 없다.

예전처럼 산책하고 싶다는 생각이 들었을 때, 처음에는 무서운 경험이 플래시백처럼 떠오를지라도, 점점 두려움을 극복할 수 있을 것이다. 인생을 살아가면서 앞으로 반드시 괴로운 일이 닥칠 거라고 단정할 수만은 없다.

좀처럼 과거의 그림자를 털어 내지 못하는 사람이 있다면, 그는 애초부터 어려움을 회피하는 사람일지 모른다. 이를테면 평소에 일을 하고 싶어 하지 않는 사람의 경우 자신에게 일어난 재해나 사고를 직장에 나가지 못하는 이유로 삼는 것이다. 처음에는 사고를 당한 장소나 사건에 휩쓸린 장소에 갔을 때 불안해져서 심장이 심하게 뛰거나 두통 증상이 나타났는데, 나중에는 급기야 그 근처를 지나기만 해도 증상이 나타난다. 그렇게 되면 밖으로 한 발짝도 나갈 수 없게 되어 버린다.

그러나 실제로는, 지금 든 예로 설명하자면 과거의 사건은 일할 수 없게 된 원인이 아니다. 아들러는 자신의 책《삶의 의미》에서 이를 '겉보기 인과율semblance of causality'이라고 말한다. 여기서 겉보기란, 실제로 인과관계가 없는데도 인과관계가 있는 것처럼 보인다는 뜻이다.

과거의 경험은 현재, 그리고 앞으로의 인생과는 아무런 인과

관계가 없다는 것, 실은 지금까지의 삶에서 어떻게 살지는 자기 스스로 결정해 왔음을 깨닫는 것. 이것이 영호 씨와 당신이 가장 먼저 해야 할 일이다.

나쁜 기억을 지워드립니다

저는
착한
사람입니다

가족이 살해당했을 때 범인의 사형을 바라는 사람이 있다. 하지만 유족 모두가 사형을 바라는가 하면 또 그렇지는 않다. 살인을 저지른 사람에게도 인권이 있다. 살인자도 그 후의 인생을 계속해서 뻔뻔하게 살아가는 게 아니라, 자신이 저지른 죄를 속죄하지 않으면 안 된다. 속죄하기 위해서는 살아 있어야 한다. 사형당하면 속죄할 수조차 없다.

복수는 나의 것

강력 범죄가 증가하면서 나와 내 가족이 언제든 피해자가 될 수 있다는 불안 의식이 우리 사회 전체에 점점 팽배해지고 있다. 이 사회의 안전망이 생각만큼 견고하지 않다는 의문과 불안감이 더해지면서 가해자를 둘러싼 사회 정의와 분노의 화살은 범죄자에 대한 강력한 처벌을 요구하는 목소리로 이어지고 있기도 하다. 여기, 범죄의 피해자가 가해자가 되어 서로의 복수의 제물이 되는 파멸의 과정을 불편할 만큼 섬뜩하게 그려 낸 영화 〈복수는 나의 것〉(박찬욱, 2002)을 소환한다.

전기 기술자로 자수성가하며 나름대로 착하게 살아왔다고 자부하던 남자, '동진'은 이혼 후 홀로 애지중지 기르던 딸이 납치 살해당하는 일을 겪는다. 극악한 범죄로 제 자식을 잃고 처절하게 아파하며 슬퍼하던 남자는 딸아이를 제대로 떠나보내지 못한 비통함과 죄책감 속에 가차 없는 복수심에 빠져든다. '눈에는 눈, 이에는 이'라는 사적 복수의 원리에 사로잡힌 동진은 한없이 끓어오르는 울분 속에서 애달픈 분노로 무장한 채 철학자를 찾아간다. 과연 그 복수의 칼날은 어디로 향할 것인가?

동진   너…… 착한 놈인 거 안다. 그러니까 내가 너 죽이는 거…… 이해하지?

동진　　딸이 유괴당한 끝에 살해되고 말았습니다.

철학자　그것참 안됐군요. 무슨 말을 어떻게 해 드려야 할지 모
　　　　르겠습니다. 범인을 찾으면 어떻게 하실 생각이십니까?

동진　　죽여야죠.

철학자　…….

동진　　반대하시는 건가요? 딸을 살해당한 부모의 심정 같은
　　　　걸, 선생님이 알 리가 없죠.

철학자　네, 알 리가 없겠죠.

동진　　모르시는 거면 제가 오늘 여기에 온 의미가 없는 거 아
　　　　닙니까? 지금의 제 심정을 어떻게 하면 좋을지 상담받
　　　　으러 온 건데요.

철학자　같은 일을 경험한 적이 없다고 해서 모를 거란 말씀을

하신다면, 제 딸이 살해당한 적이 없기 때문에 딸을 살해당한 부모의 심정을 알 수 없다고 말할 수밖에 없습니다. 하지만, 동진 씨가 하려고 하는 일의 옳고 그름은 경험이 없다 해도 알 수 있죠.

동진   뭐를 어떻게 안다는 거죠?

철학자   따님을 죽인 범인에게 복수를 해 봤자 아무 소용없다는 겁니다. 이미 한 사람이 죽었는데, 거기에 살인을 거듭할 필요도, 의미도 없어요.

동진   그럼 제 딸이 살해됐는데, 그냥 참고 넘어가란 말씀입니까?

철학자   어떤 방식으로든 범인에게 복수를 해서는 안 되는 이유가 두 가지 있습니다. 하나는 딸을 죽인 사람을 처벌하는 것은 동진 씨의 일이 아니기 때문입니다. 형법은 사적 복수, 즉 사형私刑을 금하기 위한 것이니까요.

동진   무슨 뜻입니까?

철학자   지금 동진 씨가 범인을 찾아내 자신의 손으로 딸을 죽

나쁜 기억을 지워드립니다

인 사람에게 복수하려고 하는 것, 그것이 바로 '사형私刑'입니다. 법에 따라 제대로 범인, 정확히는 용의자에 대한 재판을 거쳐 유무죄 여부를 판결하고, 유죄로 판결되면 형량을 정하는 절차를 밟아 처벌하지 않는 한, 그것은 린치 이외의 아무것도 아닙니다. 범인이 누군지는 알고 계신가요?

동진　아니요. 지금부터 찾아낼 겁니다.

철학자　그것도 당신의 일이 아닙니다. 법에 따른 범인 검거와 재판을 거쳐도 억울한 누명이 발생할 수 있어요.

동진　시간이 걸리잖아요.

철학자　물론입니다.

동진　사적 복수가 아니라면 괜찮다는 겁니까? 재판에서 사형死刑 판결이 내려지고 나서 사형에 처한다면 허용되는 건가요?

철학자　그건 의견이 분분한 문제입니다만, 저는 사형이 국가적인 살인 혹은 제도화된 살인이라고 생각합니다. 국가라

할지라도 사람을 죽여도 된다는 이유는 없습니다.

동진 그래도 살인범이 뻔뻔하게 계속 살아간다는 건 말도 안
     되는 거 아닙니까?

철학자 가족을 살해당한 분이 범인의 사형을 바라는 사례가
     있습니다만, 유족 모두가 사형을 바라는가 하면 또 그
     렇지는 않습니다. 살인을 저지른 사람에게도 인권이 있
     습니다. 살인자도 그 후의 인생을 계속해서 뻔뻔하게 살
     아가는 게 아니라, 자신이 저지른 죄를 속죄하지 않으면
     안 됩니다. 속죄하기 위해서는 살아 있어야 하고요. 사
     형당하면 속죄할 수조차 없습니다.

동진 무슨 말씀이신지 도통 이해가 가지 않습니다.

철학자 동진 씨는 같은 범죄가 되풀이되는 것을 원하지 않으시
     겠죠?

동진 물론, 원하지 않습니다. 저처럼 괴로운 생각을 하는 건
     제가 마지막이었으면 좋겠어요.

철학자 그런데…….

동진   그런데?

철학자   사형에는 범죄 억제 효과가 없습니다.

동진   억제 효과가 없다니 무슨 뜻입니까?

철학자   사람을 죽이려고 결심한 사람이 사형당할 것을 우려해
         살인을 중단하는 경우는 없다는 겁니다. 그런 사람은
         앞뒤 가리지 않고 범행을 할 것이고, 이런 짓을 하면 사
         형을 당할 거라는 생각에 살인을 단념하지는 않을 테니
         까요.

동진   그렇지만 살인 계획을 세울 정도의 사람이라면 냉정한
         편이라고 볼 수 있잖아요. 범죄를 저지르면 사형당할 수
         있단 생각에 그 실행을 단념하지 않을까요?

철학자   그렇다면 동진 씨는 따님을 죽인 범인을 찾아내서 죽일
         생각을 하진 않으시겠군요? 어쨌든 살인을 저지르면 사
         형당할 테니까요.

동진   그것과 제 경우는 별개입니다

철학자   무슨 뜻입니까?

동진   제가 하려는 건 복수가 아니라 정의이기 때문입니다. 사
형당하든 말든 제 딸아이를 죽인 그 무도함을 용서할
수 없어요.

철학자   역시나 동진 씨에게도 사형은 억제 효과가 없네요.

동진   그러고 보니 그렇군요······. 한 가지 이유가 더 있다고 하
셨죠? 복수를 해서는 안 되는 이유 말입니다. 저는 복
수할 생각이 아닙니다만.

철학자   네. 저는 따님이 범인에게 복수, 아니 동진 씨가 하고자
하는 걸 바라고 있다고 생각하지 않습니다.

동진   선생님은 어째서 딸의 심정을 알 수 있다고 하시는 거
죠? 제 기분도 모르면서 죽은 제 딸의 심정을 알 리가
없잖아요.

철학자   그렇다면, 따님이 원하는지 아닌지는 동진 씨도 모르는
거 아닙니까? 동진 씨 자신이 살해당한 건 아니니까요.

동진   그건 그렇죠. 제 딸아이는 갑자기 목숨을 잃고 억울한 생각이 들지 않았을까요? 저는 그 억울함을 제 손바닥 들여다보듯 훤히 알 수 있습니다.

철학자   그건 동진 씨 생각이지 따님 생각은 아닙니다.

동진   제 딸의 생각을 알 수 있는 방법이 있나요?

철학자   간단하지는 않지만, 자신의 생각으로부터 자유로워지면 무언가 보일지도 모릅니다.

동진   제 생각에서 자유로워진다고요?

철학자   따님도 분명 살해된 것 때문에 분노하며 범인을 살려두지 않겠다고 생각할지 모르지만, 그건 동진 씨가 '아마 나라면 분명 그럴 거야'라고 착각하고 있는 걸지도 몰라요. 그런 편견으로부터 자유로워지기 위해서는 따님이 자신과 다른 생각을 가지고 있는 건 아닐까 상상해 보면 됩니다.

동진   제 딸은 자기가 살해당했는데도 불구하고 화를 내지 않을 거라는 말씀인가요? 아, 아까 선생님이 저 또한 딸의 심정을 알 수 없을 거라고 말씀하셔서 하마터면 잊어버릴 뻔했습니다만, 딸아이의 꿈을 꿨어요. 아니, 꿈이 아닐지도 모릅니다. 딸아이는 살아 있을 때와 똑같이 제게 말을 걸어왔습니다.

철학자　뭐라고 하던가요?

동진　"수영 좀 일찍 배울 걸 그랬나 봐"라고 하더군요.

철학자　왜 그런 말을 했을까요?

동진　딸은 익사했습니다.

철학자　물에 빠진 건 자기가 수영하는 법을 몰랐기 때문이라고 한 거네요? 그렇다면 딸은 살해된 게 아니라 강물에 빠진 다음에 수영을 못해 익사당한 것일 수도 있고, 동진 씨의 생각과 달리 따님은 자신을 유괴한 사람한테 살해당했다고 원망하고 있는 게 아닐 수도 있습니다.

동진　그럴 리가요……. 유괴되지 않았다면 제 딸이 혼자서 강가에 갈 리도 없고, 익사하지도 않았을 거예요. 비록 사고였다 한들, 납치범에게 살해된 거라고 해도 전혀 틀린

게 아닙니다.

철학자   그건 앞으로 수사해 보면 알 수 있을 겁니다. 실제로 살
해당하지 않았다면, 동진 씨는 딸을 죽이지 않은 사람
을 죽이게 됩니다. 그래도 괜찮으신가요?

동진   '눈에는 눈, 이에는 이'라고 하지 않습니까? 게다가…….

(유선)   아빠.

동진   응?

(유선)   내가 죽어서 슬프지?

동진   아니, 이게 …… 누구야?

(유선)   복수하지 마. 내가 슬퍼하지 않게.

　　범죄에 대해서는 형벌이 가해지기 마련이지만, 그 형벌이 무엇
이든 상관없는 것은 아니다. 문제는 '무엇 때문에 형벌을 가하는

가'다.

　법에 따르지 않고, 개인이나 집단이 범죄자에게 제재를 가하는 것을 사적 보복 즉 사형私刑이라고 한다. 형법에 따르지 않고 제재를 가하게 된다면, 그 제재에 제동을 걸지 못할 수도 있고, 오판으로 인해 엉뚱한 사람이 제재의 대상이 될 수도 있다. 형법은 이 같은 우려가 있는 사적 보복을 금지하기 위해 존재한다.

　그렇다면 법에 따라 범죄자에게 형벌을 가한다면 아무 문제가 없느냐 하면 그렇지 않다. 형벌이 무엇인지에 대해서는 몇 가지 시각이 있다.

　우선 형벌은 사형私刑이 아닌 공형公刑이며, 범죄에 대한 응보일 뿐 아니라 범죄라는 악에 대해 그에 상응하는 형벌을 가해야 한다는 입장이다. 즉 저질러진 범죄를 상쇄시킬 수 있어야 한다고 보는 것이다. 이처럼 형벌을 응보형應報刑으로 보는 경우, 형벌이 자기 완결적이라서 범죄의 예방이나 억제 효과를 기대할 수 없다는 문제가 있다.

　다음으로 형벌의 목적을 범죄의 예방이나 억제에서 찾는 견해다. 어떤 범죄에 대해 어느 정도의 엄한 형벌이 가해진다는 것을 알면, 그 범죄가 수지에 맞지 않는다고 판단해 범죄를 저지르려는 생각을 단념할 것이라고 기대하는 것이다. 그렇게 된다면 형벌에서 억제 효과를 기대할 수 있겠지만, 현실적으로 어떤 사람이 누군가를 죽이려고 하는 바로 그 순간에 사람을 죽이면 사형당할지도 모른다는 생각을 떠올리고 살인을 단념할 것이라 생각하기는 어렵다. 사람이 감정적으로 됐을 때, 특히 살인을 저지를 정도로 감정이 격해졌을 때, 한순간이나마 사람을 죽이면 사형당할지도 모른다고 생각하는 사람이 과연 있을까?

살인 범죄를 계획한 사람이 이런 일을 저지르면 사형당할지도 모른다고 생각할 수는 있다. 그러나 그렇다 해도 범행을 저지르는 것은 비록 사형이 된다 하더라도 살인을 저지르는 것이 자신에게 선, 즉 그리스어로는 아가톤agathon, 즉 '득이 된다'는 의미이며, 자신이 사형을 당하더라도 정의, 즉 악을 응징하는 것이 더 중요하다고 생각한다.

한편 사형과 같은 극형뿐 아니라 가벼운 처벌이라도 형벌을 가하는 것을 부당하다고 여기는 사람이 있다. 벌을 가하는 것을 자신에 대한 도전이라고밖에 보지 않는 범죄자가 그 예다. 그런 사람은 자신의 행위야말로 정의인데, 처벌받는 것은 부당하다고 생각한다.

또 어떻게 하면 들키지 않고 범죄를 저지를 수 있을까 하는 생각으로 가득 찬 사람도 있다. 그런 사람은 다음번에는 범죄 행각이 발각되는 일이 없도록 완벽하게 해내려고 결심할 뿐이다. 거의 게임 감각과 마찬가지다. 어느 경우든 처벌로서 제재한다 한들 소용이 없다.

처벌을 받거나 꾸중을 들은 사람은 다음번엔 그런 처분을 받지 않게 하려고 결심할 뿐 아니라 자신을 벌한 사람, 꾸짖은 사람에게 복수하려고 한다. 처벌을 가할 경우 개인 차원으로 말하자면, 자신을 벌한 사람이나 사회를 적으로 간주하게 되기 때문이다.

형벌이든 타자를 꾸짖든 간에 그런 일이 문제가 된 사람의 행동을 멈추게 해 교화로 이어지지 않는다면 아무 의미가 없다. 이것이 형벌에 대한 제3의 입장이다.

형벌의 목적이 문제 행동의 개선이나 범죄자를 교화하기 위해서라면 필요가 없다. 이는 그저 아무것도 하지 않겠다는 뜻이 아니다. 이런 이야기가 떠오른다.

어느 날, 아들러가 있는 곳에 한 남자가 찾아왔다. 그는 절도 혐의로 복역 중일 때 교도소 도서관에서 아들러의 책을 읽었고 석방되면 아들러를 찾아가겠다고 결심했다. 그는 아들러의 정원사로 고용돼 나중에는 훌륭한 정원사가 되었다. 어느 날 아들러는 그에게 모종 가게에 가서 모종을 사 오게 했는데, 그가 건네받은 돈으로 살 수 있는 것보다 훨씬 더 많은 모종을 가져왔다.

아들러는 이 남자가 자신을 시험하려고 그리했다고 생각했다. 이때, 아들러는 정원사와 논의해 여분으로 가지고 온 모종을 돌려주라고 했다. 아들러가 혹시 이 남자를 힐난하듯 꾸짖었다면 마음을 고쳐먹기는커녕 오히려 원망했을지 모른다.

아들러의 이런 태도가 정원사에게 영향을 미치지 않을 수 없었으리라. 아들러는 범죄자의 교화에 필요한 것은 처벌이 아니라 '공동체 감각'의 육성에 있다고 봤다. 타자는 동료이며, 그런 동료에게 협력하고 공헌할 것을 가르치는 것이다. 처벌하는 것만으로는 타자나 사회는 자신에게 적대적이며, 협력이란 건 있을 수 없다는 확신을 심어 줄 뿐이다. 물론 범죄를 멈추게 할 수도 없다.

여기서 필요한 것은 처벌이나 꾸짖음으로써 범죄 등의 문제 행동을 그만두게 하는 것이 아니다. 어둠을 걷어 낼 수는 없지만 빛이 닿게 된다면, 즉 타자는 동료이며 그런 동료에게 협력하고 공헌하는 법을 가르친다면 어둠은 사라지게 될 것이다.

5관

타인은 지옥이다

─사회 속 인간관계에 대하여

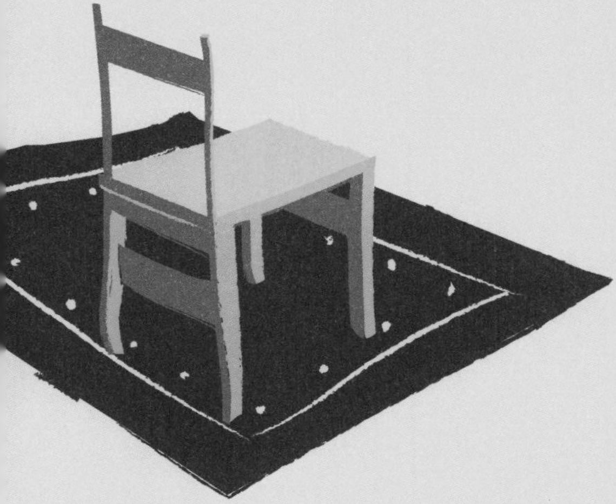

개성적인
사람일수록
질투를 모른다

철학자의 말

개성적인 사람이란 스스로 자신의 가치를 찾아낼 수 있는 사람이다. 자신의 장점이나 가치는 다른 사람으로부터 인정받을 필요가 없다. 개성이란 둘도 없는, 다른 누군가와 비교할 수도 바꿀 수도 없는 '자기다움'인 것이다.

버닝 첫 번째 이야기

원하는 것을 얻지 못해 눈앞에 보이는 것에만 집착하는 순간, 삶에서 연신 선을 긋고 구별 짓다가 공허해질 때가 있다. 타인보다 자신이 우월하다는 걸 확인하면 할수록 타인은 점점 미스터리가 된다. 이 시대 청춘들의 빛과 어둠을 응시하며 보이는 것과 보이지 않는 것, 믿는 것과 실재 사이를 유려하게 오가는 미스터리 작품 〈버닝〉(이창동, 2018).

겉으로는 별문제 없는 것처럼 보이지만 인생에 지루함을 느끼는 청년 '벤'과 앞으로도 자기 삶이 나아지지 않을 것이란 확신 속에서 흔들리는 '종수'. 그들은 저마다의 분노와 권태를 불사르며 토해 낸다. 삶의 무게가 결여된 벤과 그 무게에 짓눌린 종수가 질투와 절망 속에서 철학자 기시미 이치로를 각각 찾는다.

먼저 부에 대한 자신감과 우월한 위치를 즐기며 사는 벤을 만나 본다. 세련되고 깔끔한 태도를 자랑하며 삶의 고통에서 얼마간 비켜 서 있는 듯한 이 존재는 언제나 권태롭다. 처음으로 인생과 진지하게 마주한 그는 철학자와 무슨 이야기를 나눌까.

종수   그러니깐 남의 비닐하우스를 태운다는 건가요?

벤   당연히 남의 거죠. 말하자면 범죄 행위죠.
종수 씨와 내가 이렇게 대마초 피우는 것처럼. 명백한 범죄 행위.
그런데 아주 간단해 진짜. 석유를 뿌리고 성냥불만 던지면 끝.
다 타는 데까지 10분도 안 걸려요.
마치 처음부터 존재하지 않았던 것처럼. 사라지게 할 수 있어요.

벤　　뭘 해도 즐겁지가 않아요. 친구들과 같이 있을 때도요. 전 돈 때문에 곤란할 일도 없어요. 원하는 건 뭐든 얻을 수 있고, 하고 싶은 건 뭐든 할 수 있습니다.

철학자　　자기 뜻대로 뭐든 하고 있다고 해서 자신이 바라는 일을 하고 있다고 할 수는 없습니다.

벤　　하고 싶은 일을 하고 있는데, 그게 제가 바라는 일이 아니라는 건 무슨 뜻이죠?

철학자　　소크라테스는 "누구 하나 악을 원하는 자는 없다"라고 했습니다.

벤　　그런가요? 전 범죄를…….

철학자　　네?

벤　　아, 아니에요.

철학자   소크라테스가 사용했던 고대 그리스어의 '카콘_{kakon}' 그

러니까 '악'이나 반의어인 '아가톤', 즉 '선'이라는 단어
에는 도덕적 의미가 없습니다. 각각 '득이 되지 않는다'
'득이 된다'라는 뜻이죠. 어떤 사람은 부정한 것을 선이
라고 생각하기도 해요.

하지만 인간이 바라는 것은 자신에게 득이 되는 것뿐입
니다. 부정을 저지르는 자는 그 행위가 자신에게 득이
된다고, 즉 선이라고 생각하기 때문에 그런 행위를 하
는 것입니다. 그렇다고 실제로 부정이 선에 해당하는지
는 알 수 없습니다. 자신에게 득이 되기를 바랐다 해도
그게 실제로 자신에게 득이 되는지는 모르기 때문이죠.
예를 들어 독재자는 막강한 권력을 손에 쥐고 사람을
죽이거나 추방하거나 재산을 가로채는 짓을 저지르곤
합니다. 그런 행동이 자신에게 득이 된다고, 즉 선이라
고 생각하기 때문입니다. 하지만 원하는 대로 하더라도
그게 자신에게 득이 되지 않을 수도 있습니다.

굳이 독재자를 들먹이지 않더라도, 지금 벤 씨는 하고
싶은 일을 하지만 즐겁지가 않잖아요? 자신이 하는 일
이 스스로 바라는 일이라면 즐겁지 않을 리 없습니다.
근데 재미도 없고 지루하기까지 하죠.

벤   제가 지루해한다는 걸 어떻게 아셨어요?

철학자   벤 씨는 좀 전에 하품이 나오는 걸 참았어요. 삶에 권태를 느끼지 않는 사람은 하품을 하지 않습니다.

벤   그건 지나친 말씀인 것……. 뭐, 상관없어요. 왜 저는 뭘 해도 즐겁지가 않을까요?

철학자   정말 무엇을 하든 그렇습니까?

벤   참, 그러고 보니 요리하는 건 좋아해요.

철학자   어떤 점에서요?

벤   제가 원하는 걸 마음대로 만들어 낼 수 있으니까요.

철학자   엄밀히 말하면 꼭 요리가 아니더라도 벤 씨는 자신이 만들고 싶은 건 뭐든 만들 수 있다는 점을 좋아하는 거로군요. 하지만 만들고 싶은 것을 만들 수 있다는 게 당신이 바라는 바인지는 알 수 없어요.

벤   전 어떤 요리를 하고 싶다고 생각하면 아무거나 만들 수 있어요. 하지만 요리를 하면서 만족스러운 건 제가 만든 음식을 스스로 먹을 때입니다.

철학자   왜죠? 자기가 만든 요리를 본인이 먹지 않아도 만족하는 사람도 있습니다.

벤   이해가 안 가네요. 다른 사람을 위해 요리하는 것에 만족할 수 있다니. 요리는 저에게 바치는 제물입니다.

철학자   제물이요? 아무래도 벤 씨는 요리 이야기를 하는 게 아닌 것 같네요.

벤   네, 메타포입니다.

철학자   벤 씨는 어쩌면 지금 자신이 하는 말의 의미를 잘 알지 못하는 건지도 모릅니다.
당신이 무엇을 해도 즐겁지 않다면, 삶이란 당신이 원하는 요리 같은 게 아니기 때문입니다.

벤   무슨 뜻이죠?

철학자   벤 씨의 인생에는 '타자'가 존재하지 않습니다.

벤   그렇지 않아요. 제 주위에는 언제나 많은 사람이 있습니다.

나쁜 기억을 지워드립니다

철학자   제가 말하는 타자는 당신의 기대를 충족시켜 주지 않는 사람을 말합니다. 벤 씨는 그런 사람이 주위에 있는 걸 바라지 않아요.

벤   전 오는 사람 막지 않고, 가는 사람 붙잡지 않습니다.

철학자   마르쿠스 아우렐리우스 같은 말을 하네요.

벤   그게 누구죠?

철학자   로마 황제입니다. 아우렐리우스는 운명 앞에서 '쫓지도 않고 거부하지도 않는다'라고 했습니다. 벤 씨는 타자가 당신에게 다가오는 것을 거부하지 않고 떠나는 사람은 쫓지 않습니다. 당신의 세계 속에서 타자는 당신의 생각처럼 살아야 하기 때문입니다.
이런 말을 하면 기분 상할지도 모르지만, 벤 씨 주위에 있는 여성들은 당신을 좋아하는 게 아닙니다. 당신의 외부에 있는 것들을 좋아하는 겁니다.

벤   제 외부에 있는 것들이요?

철학자   벤 씨는 젊은데도 물질적인 어려움을 겪지 않습니다. 부자인 당신과 함께 있으면 포르쉐를 타고 맛있는 걸 먹을 수 있어요. 그녀들이 사랑하는 것은 당신이 아닙니다. 당신은 그걸 인정하고 싶지 않은 것 아닌가요? 벤 씨도 그들을 사람이 아니라 물건으로만 취급하고 있어요. 자신에게 불리해지면 곧 버리고 말죠.

벤　　　……그러고 보니 저는 비닐하우스를 가끔 태워요.

철학자　왜 그런 행동을 하죠?

벤　　　한국에는 비닐하우스가 많아요. 쓸모없고, 지저분해서 눈에 거슬리는 비닐하우스가. 그것들이 다 제가 불태워 주기를 기다리는 것 같아요.

철학자　쓸모가 있는지 없는지는 누가 판단합니까?

벤　　　판단은 하지 않아요. 그냥 받아들일 뿐이에요. 제가 불태워 주기를 기다리고 있다는 걸요.

철학자　그건 아닌 것 같습니다. 벤 씨가 눈에 거슬린다고 판단하고 있는 겁니다. 당신의 세계 안에 존재해도 좋은 것과 그렇지 않은 것을 판단하고, '존재해서는 안 될 것'은

　　　　　　　나쁜 기억을 지워드립니다

'불태우는' 것입니다.

벤 씨는 왜 뭘 해도 즐겁지가 않은 걸까요? 자신의 인생을 스스로 만들어 가지 않기 때문입니다. 당신은 지금의 인생을 자진해서 선택하지 않았잖아요? 그래도 뭐든 맘대로 할 수 있으니 지금의 삶을 포기하려고 하지 않는 거고요.

당신은 뭐든 자기 뜻대로 할 수 있다고 생각할지 모르지만, 그것은 당신이 바라는 인생이 아니기에 무엇을 해도 즐겁지가 않은 겁니다. 진정으로 어떤 인생을 원하는지조차 모르고 있죠.

벤   제가 어떻게 하면 좋을까요?

철학자   당신이 이 세상의 중심이 아니라는 것, 남들이 벤 씨의 기대를 충족시키기 위해 살아가는 게 아니라는 것을 알아야 합니다.

벤 씨는 이미 그 사실을 깨닫고 있을 겁니다. 하지만 누구도 당신이 좋아서 다가오는 게 아니라는 사실을 인정하고 싶지 않은 거죠. 그렇기 때문에 당신을 떠나려는 사람이 있으면 비닐하우스처럼 쓸모없고 눈에 거슬리는 존재로 간주하는 거고요.

그래서는 안 됩니다. 이 세상에 존재를 부인해도 좋을

만한 사람은 단 한 사람도 없습니다.

벤   어떤 일이 일어나야 제 인생이 바뀌었다는 것을 알 수
        있을까요?

철학자   벤 씨가 여기에 찾아온 일이요.

벤   네?

철학자   당신이 누군가에게 자신의 생각을 말하려고 한 것 자체
        가 큰 변화입니다. 그뿐 아니라 다른 사람에게 관심을
        가지는 것도 필요하죠.

벤   최근에 소설가 지망생을 알게 됐습니다. 그가 어떤 소
        설을 쓰고 있는지 너무 궁금해 안달이 날 지경이죠. 그
        리고 그에게 질투가 났어요. 질투 같은 건 한 번도 느껴
        본 적 없었는데 말입니다.

철학자   그건 좋은 징조입니다. 질투가 좋은 건 아니지만, 감정
        이란 타자의 존재를 전제로 했을 때에야 일어나는 것이
        니까요.

벤   저는 여태껏 눈물을 흘리며 울어 본 적이 없어요. 슬픔
        은 느꼈겠지만 눈물이란 증거가 없으니 확실히 슬픈 감
        정을 느꼈는지 잘 모르겠습니다.

철학자 감정에 증거는 필요 없습니다.

벤   그런가요……. 소설가 지망생인 그 사람이 만나고 싶어
        졌어요.

🎞

    물질적으로 아무런 부족함을 느끼지 않으며, 원하는 것은 뭐
든지 얻을 수 있고, 하고 싶은 일은 뭐든 할 수 있는 것처럼 보이
는 사람도 실은 강한 열등감에 사로잡혀 있는 경우가 있다.

    아들러가 초기 저작에서 자주 사용한 말인 열등감은 실제로
뒤떨어진다는 것(열등성)이 아니라, 자신이 뒤떨어진다고 느끼는
것이다. 그런 의미에서 주관적인 것이지만, 열등감이 있는 사람
에게 당신은 뒤떨어진 사람이 아니라고 한들 달라지는 건 없다.

    이 영화에서 '개츠비'라고 불리는 벤으로 대표되는 젊은이들
은 자신의 삶을 스스로 택한 것이 아니다. 또한 그들에게 다가오
는 사람이 있다고 해도 그들의 인격이나 개성에 이끌려 온 것도
아니다.

벤과 같은 삶을 사는 사람에게는 아르바이트를 하며 소설가를 꿈꾸는 종수가 사는 인생이 이해하기 어려울 것이다. 그러나 삶이 고달플지라도 내일이 오늘의 연속이 아닌 인생은 불행한 게 아니다. 오히려 내일도 오늘과 똑같은 날이 펼쳐지리라고 생각하는 사람들이야말로 인생은 지루하다.

이처럼 남들에게는 잘 보이지 않는 열등감을 지닌 사람은 자신에게 열등감이 있다는 사실을 인정하고 싶어 하지 않는다. 이들은 남보다 우월해지려고 한다. 아들러는 자신의 책《삶의 과학》에서 이를 '우월성의 추구'라고 한다. 아들러는 우월성의 추구뿐 아니라 열등감도 본래 타자와의 비교가 아니라 '이상적인 자신과 현실 속 자신의 비교'에서 생기는 것으로, 누구나 안고 있으며 '건강하고 정상적인 노력과 성장에 자극이 된다'고 봤다.

그러나 '특별히' 잘나고자 하는 것은 우월성의 추구가 아니라 우월 콤플렉스가 된다. 때로 우월성의 추구는 '인생의 유용하지 않은 측면'에서 이루어지기도 한다. 범죄 행위가 그 예다. 우월 콤플렉스는 열등감과 동전의 양면이라 할 수 있다. 자신감이 있는 사람은 자기가 우월하다는 것을 과시하지 않는다. 타자를 질투하는 일도 없다. 철학자인 미키 기요시는 이렇게 말한다.

"질투심을 없애기 위해서는 자신감을 가지라고 말한다. 그러나 자신감은 어떻게 생기는가. 자기 스스로 무엇인가를 만듦으로써 생긴다. 인간은 사물을 만드는 것에 의해 자기

를 만들고, 그리하여 개성이 만들어진다. 개성적인 사람일
수록 질투심을 모른다. 개성을 떠난 행복은 존재하지 않는
다는 것은 이러한 사실로도 이해할 수 있을 것이다."

_미키 기요시,《인생론 노트》

한편 미키 기요시는 지식인에 대해 다음과 같이 서술한다.

"지식인이라는 것은 원시적인 의미에서는 사물을 만들 수
있는 사람이었다. 다른 사람이 만들지 못하는 것을 만들
수 있는 사람이 지식인이었다."

_미키 기요시,《인생론 노트》

그 예로 호메로스의 서사시 《오디세이》에 나오는 오디세우스
와 에우마이오스를 든다. 이 작품의 주인공인 트로이전쟁의 영
웅 오디세우스는 대단히 솜씨 좋은 목수이기도 했다. 에우마이
오스는 오디세우스의 돼지를 관리하던 충성스러운 하인이지만,
목장에 돌담을 둘러 멋진 안마당을 꾸미거나 소가죽을 가공해
자신이 신을 샌들을 직접 만들었다.

지식인은 단지 세계를 인식하거나 진리를 추구할 뿐 아니라
사물을 만드는 존재라는 관점에서 생각해야 한다는 의미다. 지
식인은 관조만 하는 것이 아니라 현실에서 열심히 움직이지 않
으면 안 된다. 마르크스 역시 철학자는 세계를 해석해 왔지만 중

요한 것은 세계를 해석하는 것이 아니라 세계를 변혁하는 것이라고 하지 않았던가.

이런 의미에서 보면 '개츠비'는 사물을 만들지 않는다. 그렇다면 질투와 사물을 만드는 것은 어떤 관계가 있을까? 누군가를 사귀다 보면 자신이 아무리 상대방을 사랑해도 사실은 사랑받고 있지 못한 게 아닌가 하는 의심이 들 때가 있다. 자존감이 없기 때문이다. 자기만이 가진 개성, 그 누구도 대신할 수 없는 독자성이 있다고 생각하지 않는 한, 언젠가 자신보다 더 멋진 사람이 나타나 연인의 마음을 가로채 가는 것은 아닐까 생각하게 된다. 질투의 감정은 여기서 나온다.

개성적인 사람이란 스스로 자신의 가치를 찾아낼 수 있는 사람이다. 자신의 장점이나 가치는 다른 사람으로부터 인정받을 필요가 없다. 개성이란 둘도 없는, 다른 누군가와 비교할 수도 바꿀 수도 없는 '자기다움'인 것이다.

그렇다면 어떻게 해야 개성적인 사람, 자존감 있는 사람이 될 수 있을까? 자존감은 '스스로 사물을 만드는 것에 의해' 생긴다. 미키 기요시는 "인간은 사물을 만드는 것에 의해 자기를 만들고, 그리하여 개성이 만들어진다"라고 말한다.

종수는 글을 쓸 수 있지만, 벤에게는 그에 필적할 만한 것이 없다. "무엇을 하면 개성적인 사람이 될 수 있을까?" 벤의 이야기에서 당신이 생각해 봐야 할 질문이다.

　나쁜 기억을 지워드립니다

한국에는
개츠비가
너무 많아

철학자의 말

인생과 마주하는 방식, 어떤 문제에 직면했을 때 거기에 맞서는 태도를
아들러는 '라이프스타일'이라고 부른다. 아들러는 라이프스타일이 대체
로 인생의 빠른 시기에 형성되며, 그 후로는 인간관계나 상황이 변해도
이 라이프스타일에 따라 항상 똑같이 행동한다고 생각했다. 그러나 '스타
일'이라고 해서 불변하는 것은 아니다.

버닝 두 번째 이야기

소설가를 꿈꾸는 종수는 소꿉친구 해미를 통해 벤을 알게 되면서 자신이 현재 머물고 있는 세상을 새롭게 바라보기 시작한다. 불평등과 소득 양극화로 인한 사회에서 괴로워하며 상대적 박탈감과 분노에 사로잡힌 이 시대의 청년 종수. 그는 실패작인 듯한 자기 생의 근원적인 의미를 찾아 고군분투한다.

삶의 의미에 대한 굶주림을 가슴 한편에 깊이 품은 종수가 절망감과 분노의 불꽃을 넘어 철학자의 방문을 두드린다. 그들의 기탄없는 대화를 통해 '절망과 분노에 맞서는 삶의 자세'에 대해 고민해 보기를 청한다.

종수	어떻게 하면 젊은 나이에 저렇게 살 수 있지? 여유 있게 여행 다니고, 포르쉐 몰고, 음악 들으면서 파스타 삶고.
해미	젊은 나이라도 돈이 많나 보지.
종수	위대한 개츠비네.
해미	무슨 말이야?
종수	뭐 하는지는 모르겠는데 돈은 많은 수수께끼의 젊은 사람들.

종수　저는 지금까지 제 감정을 잘 드러내지 않고 살아왔습니다. 그렇다고 마음이 아예 동하지 않는 건 아니었어요. 하지만 벌어지는 상황에 대해 더 이상 어떻게 할 수 없다는 생각이 들면 금방 포기했던 것 같습니다.

철학자　무슨 일이 있었나요?

종수　거리에서 우연히 소꿉친구를 만났어요. 이야기를 주고받다 그 친구 집에 가게 됐는데……. 지금도 그때 일이 꿈에 나오기도 해요. 처음 만났을 때 제가 그녀를 사랑하게 될 거라고는 전혀 생각지도 못했어요.

철학자　마르쿠스 아우렐리우스 같은 말을 하네요.

종수　제가 로마 황제 같은 말을 한다고요?

철학자　아우렐리우스는 운명 앞에서 '쫓지도 않고 거부하지도 않는다'고 했습니다. 누군가를 좋아하게 된다 해도 그 사람이 자신을 좋아해 줄 거라고 장담할 수 없습니다.

타인이 자신을 어떻게 생각할지는 그 사람의 과제니까 자기로서는 어쩔 수 없다고 치부하면, 연애는 더 이상 진전되지 못하고 대부분 이루어지지 않죠.

종수 처음에는 제가 그녀에게 강하게 끌리고 있단 걸 몰랐어요. 하지만 어느 날 그녀의 애인을 소개받으면서 지금까지의 나와는 다른 나에 대해 알게 됐습니다. 평소의 저라면 '이제 나 같은 건 아무래도 안 되겠구나'라는 생각에 그 이상 아무것도 하지 않았을 겁니다.

철학자 종수 씨는 그녀를 붙잡기 위해 어떤 행동을 했나요?

종수 그녀의 애인에게 말했습니다. 그녀를 사랑한다고요.

철학자 그때부터 당신은 공세를 하기로 마음먹은 거군요.

종수 공세요?

철학자 종수 씨는 자신의 인생임에도 불구하고 여태껏 자신의 인생을 살지 않았다고 할 수 있습니다. 자기 인생의 주인공은 자신인데 마치 방관자처럼 자기 앞에서 일어나는 일들을 멍하니 바라보며 살아왔어요. 운 좋게 반사

나쁜 기억을 지워드립니다

된 햇빛이 방에 들어오기를 기다리는 것처럼 말이죠. 빛이 비치는 것은 순간입니다. 하지만 그 한순간의 빛을 볼 수 있는 건 운이 좋아서가 아닙니다. 빛이 비치는 시간을 알아보면 될 일이죠. 그런 시도를 해 보지도 않고 종수 씨는 언제나 그저 기다리기만 했습니다.

그래서 좋아하는 사람이 생겨도 자기가 먼저 행동에 나서려 하지 않았던 겁니다. 다른 사람에게 달려가는 그녀를 보았더라도 지금까지의 종수 씨였다면 아무것도 하지 않았을 테죠.

종수   언젠가 그녀가 아프리카 칼라하리사막의 부시맨 이야기를 해 준 적이 있어요. 부시맨들은 그냥 배가 고픈 사람과 삶의 의미에 굶주린 사람으로 나뉜다고요.

왜 사는지, 인생에는 어떤 의미가 있는지 그런 것을 늘 알려고 하는 사람, 그런 사람은 그냥 배가 고픈 '리틀 헝거'와는 달리 진정으로 굶주린 사람이기에 '그레이트 헝거'라고 부른대요.

철학자   재미있네요. 저는 철학자니까 삶의 의미에 굶주려 있는 그레이트 헝거겠군요. 종수 씨는 어느 쪽이죠?

종수   저는 소설가가 되고 싶습니다. 그럼 저도 그레이트 헝거인가요?

철학자   종수 씨는 왜 소설가가 되고 싶은 거죠?

종수   뭔가 고매한 이상이 있는 건 아니에요. 군대를 갔다 와
        서 대학을 졸업하고, 지금은 아르바이트를 하면서 글을
        쓰고 있습니다. 하지만 제가 글을 쓰려는 건 재주가 있
        어서가 아니라 이 사회의 부조리와 싸우고 싶기 때문입
        니다.

철학자   그 점은 소설가가 되고자 할 때 가져야 할 중요한 이상
        입니다. 처음부터 모든 것이 주어진 사람은 삶의 의미
        를 물으려 하지 않습니다. 인간은 인생이 자기 뜻대로
        되지 않을 때 그 의미를 묻기 시작합니다.
        종수 씨는 삶의 의미를 묻기 시작했을 뿐 아니라 자신
        의 삶을 바꾸기 위해 크게 한 발짝을 내디뎠습니다. 방
        관자로서 자신에게 주어진 현실을 받아들인 채 묵묵히
        고난을 인내하며 따르는 대신, 자신이 살고 싶은 삶을
        살기 위해 시도한다면 인생은 바뀌기 시작할 겁니다.
        이제 종수 씨가 '이건 내 인생이니 남의 일처럼 대하지
        않겠어'라고 결심하고 타자에 대해 적극적으로 행동하
        고자 하기 때문에 그런 변화가 가능한 겁니다.

하지만 타자는 당신의 기대를 충족시키기 위해 사는 존재가 아니기에 때때로 당신의 앞길을 막아서는 일이 생길 것입니다. 그래서 종수 씨가 살고 싶은 인생대로 살수 없을 때도 있을 거예요. 그럴 때 삶의 의미에 대해한층 더 캐묻지 않으면 안 됩니다. 당신은 '그레이트 헝거'예요.

종수 어릴 적에 부모님은 사이가 안 좋으셨어요. 결국 어머니가 집을 나갔습니다. 어머니가 집을 나간 날 저는 어머니의 옷을 태워야 했습니다. 아버지가 제게 어머니의 옷을 태워 버리라고 시켰죠. 지금도 그때 꿈을 꿀 때가 있어요. 그런데 요즘 꿈이 좀 바뀌었어요. 제가 제 의지로어머니의 옷을 불사르고 있는 겁니다.

철학자 꿈이 바뀐 건 종수 씨가 바뀌었기 때문이에요. 누가 시켜서 하는 게 아니라 무엇을 할 것인가를 자신의 의사대로 결정해야 한다고 생각한 거죠. 그 때문에 꿈속에서 어머니의 옷을 태울 때 아버지라는 존재가 필요하지않게 된 겁니다.
종수 씨 역시 어머니와 마찬가지로 새로운 삶을 살기위해 과거로부터 자유로워지려 한다는 뜻이기도 해요.

종수   어릴 때 여자 친구가 우물에 빠진 적이 있었어요. 물이
      마른 오래된 우물 속에서 그녀는 한참 동안 하늘을 올
      려다보고 있었대요. '이대로 죽겠구나' 하고 생각했을
      때 제가 그녀를 발견하고 구해 줬다는 거예요.
      처음에는 그 일이 기억나지 않았지만 나중엔 저도 분명
      히 떠올랐어요. 그런데 이상한 건 다들 그런 우물이 없
      었다고 하는 거예요. 제게는 의심할 수 없는 사실인데
      말이죠.

철학자   존재하지 않는다는 사실을 잊어버리면 존재하지 않는
      것이 존재하기 시작합니다. 실제로 우물이 있었는지 여
      부는 큰 문제가 아닙니다.

종수   제가 우물을 떠올리게 된 데에는 무슨 의미가 있는 걸
      까요?

철학자   아주 많겠지요. 이 세상에는 우물 속에 빠진 채 구원을
      기다리는 사람들이 있다는 걸 깨닫게 된 것입니다. 부
      조리로 가득 찬 이 세상에서 고통받고 있는 사람들을
      돕겠다는 결심을 하면서 그 우물이 떠오른 겁니다.

종수   아, 보일(영화 〈버닝〉에 나오는 해미의 고양이)…….

철학자   왜 그러세요?

종수   방금 고양이가 제 앞을 지나갔어요.

🎞️

　보통 미래는 바꿀 수 있지만 과거는 바꿀 수 없다고 생각한다. 그러나 과거가 바뀔 수도 있다. 아들러는 자신의 어린 시절을 회상하며 다음과 같은 이야기를 들려준다(알프레드 아들러,《개인 심리학과 학교》).

　초등학교에 입학한 아들러는 등굣길에 매일같이 무덤가를 지나가야만 했다. 아직 다섯 살에 불과했던 아들러는 무덤가를 지날 때마다 늘 불안하고 두려워 가슴이 졸아드는 듯한 기분을 맛보곤 했다. 이 불안감에서 자신을 해방시키기로 결심한 아들러는 어느 날 묘지에 도착했을 때 친구들에게서 뒤떨어진 다음 묘지 울타리에 가방을 걸어 두고 혼자 묘지 안으로 걸어 들어갔다. 처음에는 묘지 안을 잰걸음으로 빠르게 걷다가 그 후 천천히 왔다 갔다 하다 보니 마침내 공포가 말끔히 극복되는 걸 느낄 수 있었다.

　서른다섯 살 무렵 당시의 친구들과 만나게 된 아들러가 그때의 무덤가를 떠올리며 물었다.

　"그 무덤은 어떻게 됐을까?"

그러자 한 친구가 답했다.

"무덤 같은 건 없었어."

친구의 증언이 맞다면 아들러가 용기를 쥐어짜내 통과했던 그 무덤은 사실은 존재하지 않았던 것이 된다. 그렇다면 왜 아들러는 그런 과거의 기억이 필요했을까? 어릴 적 어려움을 극복하기 위해 용기를 불러일으켰던 기억을 떠올리는 것이 그 후 인생의 고난을 극복하고 곤경을 이겨 내는 데 필요했기 때문이다. '그때도 어려움을 극복할 수 있었으니까 지금도 못 할 리가 없어.' 그렇게 자기 자신을 타이른 것이다.

이렇듯 현재 삶을 마주하는 자세를 바꾸는 것으로 과거가 바뀌거나 그동안 잊고 지냈던 기억이 떠오르는 경우가 있다.

인생과 마주하는 방식, 어떤 문제에 직면했을 때 거기에 맞서는 태도를 아들러는 '라이프스타일'이라고 부른다. 아들러는 라이프스타일이 대체로 인생의 빠른 시기에 형성되며, 그 후로는 인간관계나 상황이 변해도 이 라이프스타일에 따라 항상 똑같이 행동한다고 생각했다. 그러나 '스타일'이라고 해서 불변하는 것은 아니다. 자기 스스로 결심하면 라이프스타일을 바꿀 수 있다.

아마도 종수는 방관자로 사는 것을 그만둔 것일 터다. 자기가 좋아하는 사람이 자신에게서 멀어져 가는 것을 더 이상 어찌할 수 없는 일이라고 생각하기를 그만뒀다. 그때 그의 세계 속에 우물이 존재하기 시작했다. 어릴 적 친구 해미가 빠진 우물, 그리고 종수가 그녀를 구해 낸 우물이.

라이프스타일을 알기 위해 아들러 심리학 상담에서는 '조기 회상'을 묻는 경우가 있다. 조기 회상은 인생의 첫 번째 기억을 떠올리는 것이다. 물론 엄밀히 말해 반드시 가장 첫 번째 기억이어야 하는 건 아니다. 사실 그런 기억을 가진 사람은 거의 없기 때문이다.

그렇지만 가능한 한 가장 어린 시절 기억을 떠올리는 것이 바람직하다. 회상 속 스토리가 비교적 간단한 것일 때 그 기억에서 그 사람이 인생을 대하는 태도를 읽어 내기가 쉽다.

라이프스타일을 알기 위해 꿈을 해석하기도 한다. 그러나 꿈을 해석하기란 여간 쉽지 않은 일이다. 대개는 스토리가 복잡하기 때문이다. 나는 상담에서 꿈을 해석하는 일은 별로 하지 않는다. 그래도 만약 내담자가 간밤에 이런 꿈을 꾸었다는 이야기로 상담을 시작하는 경우가 있으면, 그 꿈이 그 사람에게는 매우 중요한 것이 분명하므로 꿈 이야기를 주의 깊게 듣고 필요한 경우 해석을 덧붙이기도 한다.

어머니가 집을 나간 날 어머니의 옷을 태워 버렸다는 종수의 꿈 이야기처럼 여러 번 반복해서 꾸는 꿈은 중요하다. 라이프스타일이 바뀌면 꿈 또한 변해 간다.

인간은 무엇 때문에 꿈을 꿀까? 두 가지 목적이 있다. 하나는 감정을 만들어 내는 것이다. 잠에서 깰 무렵 뒷맛이 개운치 않은 꿈을 꾸는 일이 있다. 눈을 떴을 때 남아 있는 그 감정은 꿈을 통해 스스로 만들어 낸 것이다. 예컨대 학교에 가지 않거나 회사에 가지 않기 위한 그의 결심을 뒷받침하기 위함이다. 원래는 갈 생각이었지만 이렇게 기분이 나빠져서는 혹은 불길해서 학교나 회사에 갈 수 없다고 마음먹고 싶은 것뿐이다. 실제로는 자기 스스로 가지 않겠다고 결심한 것인데 말이다.

또 한 가지 목적은 꿈속에서 현실을 리허설하는 것이다. 꼴도 보고 싶지 않을 정도로 싫어하는 사람이 있을 경우 꿈속에서 그 사람을 죽이기도 한다. 물론 그런 일은 현실에서 불가능하지만, 죽이면 대체 어떤 기분이 드는지 알기 위해 꿈속에서 리허설을 하는 것이다.

끝까지
달리게 만드는 힘은
어디서 오는가

철학자의 말

인간관계를 중시하는 사람이 느끼는 분노는 자칫 불합리하기 쉽다. 경쟁에서 이긴다는 '과제'를 최우선으로 생각하지 못하기 때문이다. 어떤 사람을 기용할 것인가 하는 문제에서도 실력이 아니라 나이나 경험을 더 중시하곤 한다. 반면에 과제 자체를 중요시하는 사람에게는 '누가' 선택될지는 별문제가 아니다.

우리 생애 최고의 순간 두 번째 이야기

핸드볼 국가대표팀 감독 대행을 하며 정식 감독이 될 날만을 꿈꿔 온 '혜경'. 그러나 자신이 지도한 팀이 분열되는 위기를 맞는다. 급기야 감독 자리마저 다른 사람에게 넘어가게 되고 자존심이 속절없이 무너지며 절망적인 기분을 맛본다. 제대로 된 팀을 꾸리기 위해 노력했건만 인정은커녕 자신의 능력도 보상받지 못한다는 생각에 팀을 떠나는 것만이 품위를 지키는 길이라 여긴다.

우리 역시 어느 집단에 속해 있건 각자의 위치에서 이러한 인정 욕구와 자존심 사이에서 흔들릴 때가 있다. 혜경은 무너진 자존심을 일으켜 세우고 더 나은 실력자로 거듭나기 위해 철학자를 찾는다. 그들이 나누는 대화를 통해 진정한 자존심과 실력이 무엇인지에 대해 되돌아보는 건 어떨까?

정란 감독 자리는 물 건너갔다고 해도 뛰어 달라고 했다며? 뭐 남들 보기에는 가오는 상하지만, 고생한 김에 그냥 고생해라. 언제 또 우리가 같이 뛰어 보겠노.

수희 그러자, 언니. 언니랑 미숙 언니랑 그 전설적인 콤비만 다시 부활하면 우리 승산 있어. 그리고 자존심이 밥 먹여 주는 거 아니잖아.

혜경 야, 나한텐 밥보다 자존심, 그게 더 중요해. 알아?

혜경   자존심에 큰 상처를 입었어요.

철학자   무슨 일이 있었습니까?

혜경   감독 대행으로 성과를 올리면 정식 감독이 될 거라 믿
          었는데, 저 대신 다른 사람이 감독을 맡게 되었다는 소
          리를 들었어요.

철학자   성과를 거두지 못했나요?

혜경   ……네. 저는 선수들을 잘 통솔하지 못했어요. 하지만
          이제 막 시작하는 단계였는데…….

철학자   성과를 올렸는데도 감독이 되지 못한다면 자존심이 상
          할 수 있겠죠.

혜경   제가 잘하지도 못했으면서 자존심 상해하는 게 이상하
          단 말씀인가요?

철학자 네. 그러나 설령 좋은 결과를 얻었는데도 감독으로 승격되지 않는 일이 벌어진다 한들 그 때문에 자존심 상해할 필요는 없습니다. 혜경 씨가 정당하게 평가받지 못했을 뿐이니까요. 자신이 올바르게 행동했다면 타자로 인해 분개할 필요가 없습니다.

정당한 평가를 받지 못한 사람은 불이익을 당하는 것이 아닙니다. 오히려 정당하게 평가하지 않는 사람이야말로 불이익을 당하는 셈이지요. 그런 의미에서도 자존심 상해하는 건 이상합니다.

혜경 그렇지만 몹시 화가 나요.

철학자 그런가요? 왜 혜경 씨가 화가 나는지 한번 생각해 봅시다. 세상에는 '과제'만을 문제 삼는 사람과 과제보다는 이를 둘러싼 '인간관계'를 문제 삼는 사람이 있습니다.

혜경 예를 들어 설명해 주시겠어요?

철학자 이를테면 스포츠의 경우 시합에서 이긴다거나 메달을 따는 것이 '과제'입니다. 그러한 과제만을 문제 삼을 뿐 그 과제를 둘러싼 인간관계를 전혀 문제 삼지 않는 사람이 있습니다.

나쁜 기억을 지워드립니다

팀에는 지도자, 그러니까 감독이 필요하잖아요? 그런데 어떤 사람들은 스포츠 팀에서 과제를 달성하지 못하는 감독은 감독으로서 부적합하다고 생각합니다. 지도자 스스로도 그런 생각을 가지고 있다면, 결과를 내지 못했을 경우 다른 사람이 자신을 대신해 감독이 된다 하더라도 화를 내지는 않을 겁니다.

혜경   그럼 인간관계를 문제 삼는 사람은 어떤 사람인가요?

철학자   그런 사람들은 일을 처리할 때, 지금 혜경 씨의 경우처럼 감독 교체 문제에서도 합리적인 이유만을 내세우지 않을 수 있습니다. 사적인 혹은 정치적인 이유로 감독이 결정될 수 있다는 거죠. 만약 혜경 씨가 인사 문제에서 부당한 처우를 받았다면 정당하게 항의해야 합니다. 그런 분노는 공적인 감정, 즉 '공분公憤'이라고 해야 할 것입니다. 개인적으로 느끼는 분노, 즉 '사분私憤'이 아니지요. 저는 그런 감정까지 부정하지는 않습니다. 오히려 필요하다고 봅니다.

문제는 인간관계를 중시하는 사람이 느끼는 분노는 자칫 불합리하기 쉽다는 것입니다. 경쟁에서 이긴다는 '과제'를 최우선으로 생각하지 못하기 때문입니다. 어느 선수를 기용할 것인가 하는 문제에서도 실력이 아니라 나이나 경험을 더 중시하곤 하거든요.

반면에 과제 자체를 중요시하는 사람에게는 '누가' 선택될지는 별문제가 아닙니다. 경기에서 이기는 데 필요한 감독 혹은 선수로서의 실력 여부만을 고려하기 때문입니다. 그렇기에 자신보다 나이가 어려도 실력이 좋은 사람이 발탁된다면 이기기 위해서 필요한 일이라고 생각해 받아들일 수 있습니다. 그 일로 질투하는 일도 없어요. 자신이 뽑히고 싶다면 실력을 기르면 될 뿐이죠. 그러나 인간관계를 문제 삼는 사람은 실력이 없어 뽑히지 않았기에 어쩔 수 없는 일인데도, '왜 내가 뽑히지 않은 거야' 하는 생각에 휩싸여 자존심 상해하고 분노를 느낍니다. 이런 감정은 상당히 불합리합니다.

혜경 제 이야기를 하시는 것 같네요.

철학자 절차를 문제 삼는 사람도 있습니다.

혜경 예를 들면요?

철학자 어떤 사람이 부모님 몰래 남자 친구를 사귀었어요. 요즘 같은 시대에 부모님에게 동의를 구한 뒤 누군가와 교제를 하는 사람은 없겠지만 상대방과 결혼 이야기가 오가자 부모님한테 남자 친구 이야기를 해야 했죠.

그런데 그녀의 아버지는 절차와 인간관계를 중시하는 사람이었어요. 그래서 그녀는 아버지에게 이렇게 말했습니다. "아버지께 좋아하는 사람이 있다고 미리 말씀 못 드려서 죄송해요. 그런데 아직 엄마한테도 말하지 않았어요. 아버지가 먼저 이야기를 들어 주셨으면 했거든요."

아버지는 과제, 즉 딸이 누구와 결혼할 것인가에는 별 관심이 없었습니다. 단지 절차가 중요했죠. 그래서 사후 승낙해야 할 상황에 주목한 것이 아니라 그 얘기를 자신이 먼저 들었다는 사실을 알고는 만족했어요. 만약 딸이 자신에게 가장 먼저 알리지 않고 이미 모든 것을 정한 뒤 허락해 달라고 했다면 아버지는 몹시 화를 내거나 완강히 결혼을 반대했을지도 모릅니다.

혜경   제가 감독이 되지 못했을 때도 사후 승낙할 수밖에 없었어요.

철학자   자존심이 강하고 인간관계를 중시하는 사람은 오로지 자기 자신밖에 관심이 없습니다.

혜경   선생님은 저도 인간관계를 중시하는 사람이라고 보시는 거로군요.

철학자　그렇습니다.

혜경　그럼 저는 앞으로 어떻게 하면 좋을까요?

철학자　자신만을 향한 관심을 타인에게 돌리는 겁니다.

혜경　대표팀 감독은 될 수 없겠지만, 앞으로 계속 다른 팀 감독을 맡게 될 텐데, 제가 감독으로서 꼭 염두에 둬야 할 것이 있다면 무엇인지 알고 싶습니다.

철학자　감독은 팀을 이끌려고 하면 안 됩니다. 모두의 선두에 서서 팀을 끌고 가는 것이 아니에요.

혜경　저는 그렇게 생각하지 않았어요. 그래서 선수들을 스파르타식으로 훈련시키고 마구 야단을 치기도 했죠. 때로는 "창피한 줄 알아"라는 말까지 하며 정신 차리게 하려고 했습니다.

철학자　그랬더니 어떤 일이 벌어졌나요?

혜경   반항적인 태도를 취하는 선수가 나왔어요.

철학자   반항적이었다니 무슨 이야기죠?

혜경   제 지시를 따르지 않을뿐더러 제가 선수들을 이끄는 방
      식이 틀렸다고 이야기하더군요.

철학자   그건 '반항'이 아니라 '주장'입니다. 저는 선수들이 감
      독에게 자신의 의견을 이야기할 수 없으면 안 된다고
      생각합니다.

혜경   하지만 일일이 선수들의 이야기를 들어 주다 보면 잘못
      판단해 경기에서 지고 말 거예요.

철학자   선수는 감독의 꼭두각시가 아닙니다. 연습 때면 몰라도
      일단 경기가 시작되고 나면 경기 흐름을 바꾸어 나가기
      어려울 겁니다.

혜경   그건 그렇죠.

철학자   지도자가 모든 걸 결정해 버리면 실패는 줄어들지 모르
      지만, 선수 입장에서 보면 의욕을 잃게 됩니다. 혜경 씨

도 선수로서 그런 생각을 한 적이 있었을 텐데요. 선수들은 자신의 재량으로 움직이고 있다는 생각이 들 때 역량을 가장 잘 발휘할 수 있습니다.

감독은 또한 선수들의 움직임을 파악하며 팀을 지켜보는 것이지만, 팀을 파악하는 것과 선수 개개인의 플레이에 참견하는 것은 전혀 별개의 일입니다. 선수를 믿지 못하면 경기에서 이길 수 없어요. 믿음이 진정한 실력을 만드는 겁니다.

혜경   신뢰 관계를 만들기 위해서 선수의 재량에 맡기는 것 외에 또 다른 방법이 있을까요?

철학자   제 이야기를 듣고 인간관계가 아닌 과제에만 관심을 가지는 게 좋다고 생각했을지도 모릅니다. 스포츠에서도 인간관계는 중요합니다. 모두가 힘을 합쳐 시합에 임하고 있다는 생각이 들 때, 그때의 관계는 단지 스포츠라는 일의 관계가 아니라 친구 관계라고 해도 무방합니다. 혜경 씨도 실력만 있다면 누구와 팀을 짜서 시합을 하든 상관없다고 생각하지는 않죠?

혜경   네. 그 점은 분명해요.

철학자   저는 이 사람들과 함께 싸울 수 있다는 것 자체를 기쁘게 여기는 것이 스포츠에서 경험할 수 있는 행복이라고 생각합니다. 그런 행복을 느낄 때 더 이상 승패는 큰 문제가 되지 않아요.

혜경   전화 좀 하고 와야겠어요. 얼마 전 제가 감독을 맡고 있는 팀 선수에게 할 말이 있어서 전화를 걸은 적이 있어요. 그런데 제 말은 듣지 않고 일방적으로 자기 이야기만 하고 끊어 버려서 좀 당황했습니다. 제게 화가 났던 건지도 몰라요. 하지만 이제 알았습니다. '나도 그들의 이야기를 듣고 있지 않았구나'라는 것을요.

어떤 일이든 마찬가지지만 스포츠에서도 처음에는 리더(상사, 감독 등)가 부하나 선수에게 가르쳐야 할 것들이 많다. 적절히 지도한다면 그 조직은 역량을 키워 나갈 수 있을 것이다.

부하나 선수가 항상 실패하고 성적이 오르지 않는다면, 리더의 지도 방식에 문제가 있는 것이지 부하의 능력이 부족하기 때문은 아니다. 더구나 영화에서처럼 올림픽에 나갈 정도의 선수라면 이미 대표팀에 들어가기 전부터 실력을 갖추고 있는 셈이니 리더의 책임은 무겁다고 할 수 있다.

나는 강한 리더는 필요치 않다고 생각한다. 중국 신화에 등장하는 전설상의 군주인 요堯 임금은 천하를 다스린 지 50년이 되었을 때 세상이 정말로 잘 다스려지고 있는지, 백성들이 자신이 천자임에 만족하며 사는지 알아보기 위해 평민 차림으로 변장을 한 채 궁궐을 나섰다. 요 임금은 길을 가던 중 한 노인이 신명 나게 노래하는 모습을 보았다. "해가 뜨면 일하고 해가 지면 쉰다네日出而作 日入而息. 우물 파서 물 마시고 밭을 갈아서 밥 먹으니鑿井而飮 耕田而食 임금의 권력이 내게 무슨 관계가 있으랴帝力于我何有哉?"

이것이 바로 요 임금 시대의 민요로 알려진 〈격양가擊壤歌〉다. 물론 요 임금이 선정을 베풀었기에 백성들이 날마다 일하며 먹고살 수 있었을 테니, 관계가 없을 리 만무하다. 하지만 여기서 중요한 점은 요 임금이 다스리고 있음을 의식할 수 없는 것이야말로 세상이 평화롭게 다스려지고 있음을 증명한다는 데 있다.

리더란 이처럼 보이지 않는 지도자, 존재감이 없는 지도자여야 좋다. 구성원들은 자신의 재량을 마음껏 펼칠 수 있을 때 제 실력을 발휘할 수 있다. 그러기 위해서는 리더가 믿고 지켜보는 용기를 가져야 한다. 부하나 선수의 판단에 맡기면 때로는 실패할 수도 있을 것이다. 하지만 스스로의 판단으로 움직일 수 있는 부하와 선수를 육성하는 것이야말로 리더의 몫이다.

나아가 리더가 한 말이라도 그것이 잘못됐다면 지적하는 데 주저하지 않는 부하나 선수여야 한다. 리더가 항상 지시만 하면 부하나 선수도 리더에게 의존만 하게 된다.

《이솝우화》에 이런 이야기가 나온다. 연못에 개구리들이 살고 있었다. 그런데 개구리들에게는 리더가 없었다. 자신들에게 리더가 없다는 사실에 불만을 느낀 개구리들은 제우스에게 왕을 내려 달라고 간청했다. 그러자 제우스는 연못에 통나무 하나를 던져 주었다. 개구리들은 첨벙하는 물소리에 깜짝 놀라 처음에는 연못 깊은 곳에 몸을 숨기고 있었다. 그러다 통나무가 물 위에 둥둥 떠 있는 걸 발견하고는 모두 통나무 가까이 모여들었다. 통나무는 움직이지 않았기 때문에 개구리들은 통나무에 올라가 앉기도 하고 쉬기도 하며 재미있게 지냈다. 통나무 주위로 벌레들이 몰려들자 먹이도 풍부해졌다.

그러던 어느 날 개구리들은 통나무가 왕답지 않다며 더 위엄 있고 힘 있는 다른 왕으로 바꿔 달라고 제우스에게 다시 간청했다. 그러자 제우스는 몹시 화를 내며 이번에는 왕으로 물뱀을 내려보냈다. 개구리들은 물뱀에게 차례차례 잡아먹히고 말았다.

리더에게 늘 지시받기만 하는 부하나 선수는 이 개구리들과 다름없다. 그런데 보이지 않는 지도자, 존재감이 없는 리더를 선호하지 않는 사람들이 있다. 그런 경우 무엇을 해야 할지 스스로 결정하고 그 결정의 책임을 스스로 져야 하기 때문이다.

또 다른 이유도 있다. 리더가 부하나 선수를 심하게 꾸짖는 경우다. 스스로 판단해 자기 생각대로 움직였는데 상사한테 꾸중을 듣는다면, 아무 생각 없이 상사가 시키는 대로 하는 게 낫다고 생각하게 된다.

자신이 리더임을 과시하고 싶은 사람은 요 임금 같은 방식을 좋아하지 않을지 모른다. 그렇지만 그런 사람은 조직이나 팀을 생각하는 게 아니라 오로지 자기 일에만 관심이 있을 뿐이다.

나쁜 기억을 지워드립니다

시인이 되기를
원했던 게
부끄럽습니다

열등감은 주관적인 것이기에 다른 사람에 비해 "뒤처진다는 생각을 하지 않아도 된다"라는 이야기를 해 준다 한들 귀에 들어오지 않는다. 열등감을 가진 사람은 이것만 없으면 인생이 잘 풀릴 거라 생각한다. 그러나 열등감은 사실 그의 인생을 잘 안 풀리게 하는 원인이 아니다.

동주

강렬하고도 짧은 생을 살다간 천재는 그 비극적인 운명에 대한 안타까움과 슬픔만큼 우리에게 늘 매혹을 불러일으킨다. 한국인이 사랑하는 대표 시인으로 손꼽히는 윤동주는 주옥같은 그의 작품과 함께 천재 시인이라는 계보 속에 그 이름이 새겨진 채 인간적인 면모는 오랫동안 가려져 있었다. 여기, 윤동주의 시 이전에 청춘 윤동주의 삶을 말하는 영화가 있다. 이름도, 언어도, 꿈도 허락되지 않았던 일제 암흑기의 역사 속에서 시인을 꿈꾸던 '청년' 윤동주에게 인간적인 숨결을 불어넣은 〈동주〉(이준익, 2016)를 불러 본다.

죽는 날까지 하늘을 우러러 한 점 부끄러움이 없길 읊을 만큼 고결한 삶을 살다 간 위대한 시인도 우리처럼 질투와 열등감, 패배감에 휩싸인 평범한 인간이었음을 확인할 수 있으리라. 윤동주를 열등감에 사로잡히게 한 이는 그와 평생을 같이한 동갑내기 고종사촌 '송몽규'다. 송몽규가 독립운동가로 행동하는 투사였던 반면 윤동주는 매 순간 시를 쓰며 시대의 비극을 아파했다. 영원한 친구이자 라이벌에 대한 열패감과 함께 그 자신의 고뇌를 넘어서고자 '동주'는 철학자의 문턱을 넘는다.

동주   저는 서명하지 않겠습니다. 당신 말을 들으니까 정말로 부끄러운 생각이 들어서 못 하겠습니다.
이런 세상에 태어나서 시를 쓰기를 바라고, 시인이 되기를 원했던 게 너무 부끄럽고, 앞장서지 못하고 그림자처럼 따라다니기만 한 게 부끄러워서 서명을 못 하겠습니다.

동주 지금 여기서 이대로 있으면 안 되겠다는 생각이 듭니다. 저만 뒤처진 것 같아요.

철학자 지금 무슨 일을 하고 계십니까?

동주 시를 쓰고 있어요. 시인입니다.

철학자 시인이 시를 쓰면 안 된다는 말씀인가요?

동주 인생은 살기 어렵다는데, 시가 이렇게 쉽게 '씌어진다'는 것은 부끄러운 일이라고 생각합니다.

철학자 그게 무슨 뜻이죠? 말이 얼마든지 쉽게 떠오른다는 뜻은 아닐 듯합니다만.

동주 오히려 저는 고심 끝에 시를 씁니다. 그물로 나비를 잡듯이, 말을 찾아다니며 한 자 한 자 원고지에 새겨 놓고 있습니다.

철학자   릴케의 시를 읽으신 적은 물론 있으시죠?

동주   네, 제가 좋아하는 시인입니다.

철학자   시를 쓰면 그 시가 어떤 평가를 받을지 궁금해지기 마
       련입니다. 출판사로 자신이 쓴 시를 보내면 다른 시인의
       작품과 비교당할 것입니다. 또 편집자에게 시를 거절당
       하면 불안해질 거예요. 릴케는 자신의 반응을 듣고 싶
       어서 시를 보내온 젊은 시인에게 앞으로 이런 일은 절
       대 하지 말라고 했습니다.

동주   그 젊은 시인 프란츠 크사버 카푸스에게 릴케가 보낸
       편지(《젊은 시인에게 보내는 편지》-옮긴이)는 저도 몇 번
       이나 읽어 봤습니다. 책을 읽으며 저는 카푸스가 저 같
       다는 생각이 들더군요.

철학자   릴케는 조용한 밤 시간에 "나는 쓰지 않으면 안 되는
       가?"라고 자문해 보고, 이 질문에 "쓰지 않고는 살 수
       없다"고 자답할 수 있다면 시를 쓰라고 조언합니다. 글
       쓰기를 거부당한다면 차라리 죽음을 택하겠는지 스스
       로에게 고백해 보라고 하지 않았습니까? 윤 시인은 이
       런 질문을 받는다면 뭐라 답하실 겁니까?

동주   지금 저는 쓰지 않고는 도저히 견딜 수 없습니다. 글쓰기를 거부당한다면 저는 죽음을 택할 겁니다.

철학자   씌어진 시가 어떤 평가를 받을지 궁금해하는 사람은 쉽게 쓸 수 없습니다. 하지만 내면으로부터의 독촉에 의해 쓰지 않고는 견딜 수 없는 시인은 쓸 수 있습니다. 설사 고심하는 일이 있다 하더라도 말입니다.

동주   네……. '쉽게'가 그런 의미라면 저도 알 것 같습니다.

철학자   동주 씨가 부끄럽다고 생각하는 것은 시를 쓰는 행위 자체인 거로군요?. 시인이 시를 쓰는 것을 왜 부끄럽다 여기는지에 대해 생각해 봐야 합니다.

동주   동갑내기 사촌이 있습니다. 그는 저보다 유능해서…….

철학자   뭘 보고 유능하다 생각하십니까?

동주   저는 대학 입시에 실패했지만, 그는 합격했어요.

철학자   시험이니까 그런 일은 있을 수 있습니다.

동주   그는 어릴 적부터 쭉 제 라이벌이었습니다.

철학자   라이벌이 있는 것도 좋습니다. 하지만 경쟁할 필요는 없
         습니다. 나이가 들면 사는 방법도 달라질 거고요.

동주   저는 그와 저 자신을 비교해서 '대기大器는 만성晩成이지'
         라고 생각했습니다.

철학자   빨리 배우는 데 능한 사람이 있는가 하면, 천천히 배우
         는 데 능한 사람도 있습니다. 비교할 일이 아니죠. 아마
         그 사촌분도 동주 씨가 자신과는 다른 자질을 있다는
         걸 알고 있을 겁니다.

동주   저와 달리 행동에 나서는 그를 보면 '시를 써도 되는 걸
         까'라는 생각이 들어요. 또 저희 부모님은 제가 대학 입
         시에 실패했을 때 크게 실망하셨거든요.

철학자   부모님을 기쁘게 하기 위해 시험을 치신 건가요?

동주   아니요. 그렇지는 않습니다. 아버지는 제게 의사가 되라
         고 하셨죠. 의사가 되면 얼마나 많은 사람을 살릴 수 있
         겠냐고 하시면서요.

철학자   왜 의사가 되지 않았던 거죠?

동주   저는 일찍부터 시인이었기 때문입니다.

철학자   말씀하신 대로 윤 시인이 의사가 될 필요는 없죠.

동주   하지만…….

철학자   하지만?

동주   아무리 시를 써도 이 부조리한 세계를 조금도 바꿀 수
         없었습니다. 그럼에도 시를 쓰길 바라고, 시인이 되길 원
         했던 제가 너무 부끄럽습니다.

철학자   그런가요? 말씀하신 대로 물론 직접 행동에 나서는 사
         람이 있습니다.

동주   저는 앞장서지는 못합니다.

철학자   지금처럼 살기 힘든 시대를 살면서도 아무것도 하지 않
         는 사람, 무언가 해야 한다고 생각하지 않는 사람도 있
         습니다. 아니 그런 사람이 더 많을지도 모릅니다. 헌데,

그런 사람은 자기가 아무것도 하지 않는 것을 부끄럽게 여기지 않습니다.

동주 씨가 부끄럽게 여기는 것은 다른 사람이 날 어떻게 생각할까 때문이 아니잖아요? 그저 자신의 양심에 비춰서 부끄러운 것입니다. 처음에 말씀하신 "이대로 있어서는 안 된다"는 건 해야 할 일을 하지 못하고 있다는 뜻이겠군요?

동주   말씀하신 그대로입니다.

철학자   양심을 영어로는 'conscience'라고 합니다. 이 말의 어원은 라틴어의 'conscientia'로, 한층 더 거슬러 올라가면 그리스어의 'syneides'에서 파생했습니다. 두 단어 모두 '뭔가를 누군가와 함께con, syn 아는 것scientia, eides'이라는 뜻인데, 이 '누군가'가 타인이 아니라 '자기 자신'이라면, 어떤 의미가 되는가 하면…… 아, 계속 이야기해도 될까요?

동주   계속하세요. 저도 대학에서 그리스어와 라틴어 수업을 들은 적이 있습니다.

철학자   소크라테스는 법정에서 아테네 사람들을 향해 "나는 내가 지자知者가 아니라는 것을 안다"고 얘기했는데, 이 때 그리스어를 그대로 번역하면 "나는 내가 지자가 아니라는 것을 나 자신과 함께 안다"가 됩니다. 나 자신과 함께 무엇을 아는가 하면 지금의 예처럼, 무지無知나 실패를 아는 것입니다.

즉 자신에 대해 부정적인 인식을 하는 것입니다. '양심'이란 말도 어원에서부터 그 뜻을 헤아려 보면 할 수 없는 것을 아는 것이니, 양심이 있는 사람은 본래 해야 할 일을 하지 못하는 자신을 부끄럽게 여기는 겁니다.

그러나 부끄러움을 아는 것은 결코 부끄러운 일이 아닙니다. 부끄러움을 모르는 사람이야말로 더 부끄러운 것이죠.

동주 그건 제가 존경하는 시인에게서도 들은 말입니다. 저는 세상을 바꾸고 싶습니다. 하지만 행동에 나설 용기가 나지 않습니다.

철학자 시에는 세상을 바꿀 힘이 없다고 생각하십니까?

동주 아니요.

철학자 세상을 움직이는 것은 마음입니다. 동주 씨의 일은 시인으로서 세상 사람들의 마음을 움직이게 하는 것이 아닐까요?

동주   그렇다고 생각합니다.

철학자   무엇이 될 것인가는 문제가 되지 않습니다. 직접 행동으로 나서는 사람도 있고, 의사가 되는 사람도 있는가 하면, 동주 씨처럼 시인이 되는 사람도 있어요. 굳이 말하자면, 사람은 사람이 되는 것입니다.

동주   아, 제 남동생이 그런 말을 한 적이 있습니다. "자라서 사람이 되지"라고. 저는 설은 대답이라고 생각했습니다만.(윤동주 시 〈아우의 인상화〉)

철학자   직접 행동에 나서는 사람도 한 사람 한 사람의 마음을 뒤흔드는 것부터 시작해야 합니다. 아무것도 하지 않으면 안 된다는 사람들의 생각 하나하나가 꿈틀거려 마침내 세상을 바꿔 나가는 겁니다.
        앞서 이야기한 소크라테스는 젊은이들을 타락시킨다는 이유로 사형당했습니다. 소크라테스의 철학이 사람들의 마음을 움직여 세상을 바꾸는 힘이 될 거라고 여겼기 때문입니다. 시도 마찬가지입니다. 시를 쓰는 것이 왜 부끄러운가 하는 얘기로 돌아가 볼까요? 릴케가 "쓰지 않고는 견딜 수 없다"라고 했을 때, 이에는 단순히 '쓰고 싶다'는 의미만 있는 건 아닙니다.

동주   네. 쓰고 싶지 않은 일도, 쓰지 않고는 견딜 수 없는 일이란 게 있잖아요. 시인이란 슬픈 천명天命입니다. 쓰고 싶지 않은 일도 쓸 수밖에 없는 이 시대에 살고 있다는 것이 부끄럽습니다.

철학자   사람에게는 각자에게 주어진 역할이 있습니다. "쓰지 않고는 견딜 수 없다"는 것은 쓰는 것이 천명이란 의미입니다. 더구나, 슬픈 천명이죠.

동주   "나에게 주어진 길을……."

철학자   왜 그러시죠?

동주   "걸어가야겠다……."

윤동주가 중학교 3학년 때, 고종사촌인 송몽규가 신춘문예에 당선됐다. 이는 어느 전기 작가가 기술한 것처럼 윤동주에게 문학적인 자극이 됐겠지만, 유능한 고종사촌의 존재는 윤동주의 열등감을 강화했으리라.

> "동주는 '대기는 만성이지'라는 말을 가끔 했다. 그건 몽규를 의식하고 하는 말이었다."
>
> _문익환, 〈하늘·바람·별의 시인, 윤동주〉, 1976년 4월 《월간중앙》

문익환의 말처럼 윤동주가 스스로 이렇게 얘기했다면 '만성'이 아니라 자신이 몽규보다 '대기'라는 경쟁의식이 자리했던 건 아닐까 상상해 본다. '나는 나의 저력을 금방 인정받지 못할지도 모른다. 헌데, 그것은 내가 대기이기 때문이고, 더구나 내 그릇이 몽규보다 더 크다'라고 생각했을지 모를 일이다.

아들러는 자신의 책 《삶의 과학》에서 타자와의 비교가 아닌 '이상 속 자신과 현실 속 자신과의 비교'에서 기인하는 열등감은 누구에게나 있으며, "건강하고 정상적인 노력과 성장을 하기 위한 자극이 된다"라고 말했다.

그러나 현실에서는 타자(윤동주의 경우라면 송몽규)와 비교하며 자신이 뒤처진다는 생각에 사로잡혀 괴로워하는 이가 많다. 아들러도 부모가 '재기발랄한 사촌'과 우리 아이를 비교하는 일이 있다고 언급한 바 있다.

니시다 기타로西田幾多郎는 후에 교토제국대학의 교수가 되며 '니시다 철학'이라 불리는 독창적인 철학 체계를 구축한 철학자지만, 고등학교의 교풍에 반발하여 퇴학당하는 바람에 도쿄제국대학의 선과選科밖에 들어갈 수가 없었다. 선과는 본과本科와는 달리 학과의 일부만을 선택해 배우는 과정이기에 졸업하고도 학위를 딸 수 없었다. 니시다는 이를 두고 "나는 왠지 인생의 낙오자가 된 기분이었다"고 회고한다.

내가 아는 어느 젊은 친구에게 언젠가 이런 이야기를 들은 적이 있다. 대학에서 축구를 했던 그는 장차 프로 축구선수가 될 것이라 촉망받는 뛰어난 선수였다. 그런데 부상 때문에 프로 선수의 길을 단념하지 않을 수 없게 됐다. 그 후 그는 마흔 살이 될 때까지 TV로 축구 경기 중계를 보지 않았다고 한다. 과거에 자신과 경합을 벌였던 동료들이 프로로서 경기에 나서는 모습을 보고 싶지 않아서였다. 그런 그가 마흔이 된 후에 경기를 볼 수 있게 되었던 것은 많은 동료가 그 나이에 이르자 선수에서 은퇴했기 때문이다. 그에게 "'왜 내가 아니라 걔들이 프로가 됐지?'라고 생각했던 건 아닌가요?"라고 묻자 바로 '그렇다'는 대답이 돌아왔다.

열등감은 주관적인 것이기에 다른 사람에 비해 "뒤처진다는 생각을 하지 않아도 된다"라는 말을 들려준다 한들 귀에 들어오지 않는다. 이러한 열등감에는 두 가지 문제가 있다. 하나는 열등감을 가진 사람은 이것만 없으면 인생이 잘 풀릴 거라 생각한다는 점이다. 그러나 열등감은 사실 그의 인생을 잘 안 풀리게 하는 원인이 아니다.

또 다른 문제는 타자의 기대를 충족시켜야 한다고 생각하는 점이다. 그러나 대부분의 경우 이는 본인의 착각일 뿐 실제로는 자신이 하고 싶은 일을 할 수 없게 됐을 때 그들도 아쉬워하겠지만, 타자는 본인만큼 그 일에 대해 집착하지 않는다. 그렇다면 어떻게 해야 열등감을 극복할 수 있을까?

우선, 다른 사람과 비교하지 말아야 한다. 그저 자신에게 주어진 것을 향상시키는 수밖에 없다. 앞서 축구를 했던 친구처럼 재능이 있어도 부상을 당해 계속하지 못할 수도 있다. 그럴 경우는 다른 분야에서 열심히 하면 된다.

니시다 기타로는 이렇게 노래했다. "사람은 사람, 나는 나야. 어찌 됐든 내가 갈 길을 나는 가리라人は人 吾はわれ也 とにかくに吾行く道を 吾は行くなり." 이는 다른 사람들과의 경쟁에서 내려와 설령 어떤 고난이 닥친다 하더라도 자신이 옳다고 여기는 길을 가야겠다는 결연한 의지의 표명이리라.

경쟁자가 있어도 좋겠지만, 그렇다고 경쟁할 필요는 없다. 남들과 경쟁하여 그들보다 우월해지고자 하는 사람은 때로 매우 자기중심적이 될 수 있다.

어느 학교에서 입시 공부에 지친 한 학생이 스스로 목숨을 끊은 일이 있었다. 그 일을 들은 나는 충격을 받았지만, 그 이상으

나쁜 기억을 지워드립니다

로 충격이었던 것은 그 아이와 함께 공부하던 어느 학생이 한 "이걸로 라이벌이 한 명 줄었다"라는 말이었다. 이런 학생들이 장차 엘리트로 자라서 정치인이나 관료가 된다고 생각하면 암담한 기분이 든다.

진정한 라이벌은 경쟁하지 않는다. 서로 상대의 역량을 인정하고, 절차탁마切磋琢磨의 정신으로 공부나 일에 힘쓸 뿐이다. 그런 라이벌이라면 상대의 성공을 기뻐할 뿐 질투하지 않으리라.

이 책에서 다룬 영화 〈버닝〉 중 해미가 아프리카의 칼라하리사막의 부시맨들에게는 '리틀 헝거'와 '그레이트 헝거'가 있다고 말하는 장면은 저에게 사뭇 인상적이었습니다. 리틀 헝거는 '배가 고픈 사람', 그레이트 헝거는 '사람은 왜 사는가?'를 언제나 알려고 하는, 삶의 의미에서 '굶주린 사람'입니다.

무슨 일이든 제 뜻대로 된다고 생각하고, 설령 인생의 앞길을 가로막는 일을 맞닥뜨려도 '어떻게든 되겠지'라고 생각하는 사람은 삶의 의미에 굶주리거나 하지는 않을 것입니다. 철학자를 찾아온 이들은 모두 삶의 의미를 묻는 그레이트 헝거들뿐이라고 해도 과언이 아닙니다.

철학자는 '애지자愛知者'이지 '지자知者'가 아니기 때문에 인생의 심원한 지혜를 전수하는 일은 하지 않습니다. 답을 찾으러 온 이들은 낙담할지도 모르지만, 철학자는 그 질문에 대한 답을 어디에서 찾으면 좋을지를 밝히려 합니다.

비록 인물 간의 대화 속에서 올바른 대답에 도달했다고 하더라도 중요한 것은 그 배움뿐 아니라 그것을 실천하는 것에 있습니다.

그들이 철학자의 서재를 뒤로하고 돌아갈 때는 그것이 시작점이지 종착점은 아닙니다. 독자 여러분도 이들의 대화를 읽고 난 뒤에는 스스로 깊이 생각해 보시기 바랍니다. 책장을 덮는 순간부터 새로운 인생이 시작될 겁니다.

일본에서 출판된 제 졸저가 한국에서 번역 출판된 것은 지금껏 여러 번 있었지만, 오리지널 책을 위해 새로 쓴 글을 한국 출판사에서 출간하는 것은 이번이 처음입니다. 독자의 고민에 대해 제가 답한다는 기획은 그동안에도 많이 있었고, 잡지에 연재한 상담 내용을 정리해서 출판한 적도 있습니다.

이번에도 처음에는 그 같은 기획처럼 한국 독자 여러분의 고민에 대한 사연을 받고 제가 거기에 답하는 식으로 진행할 생각이었습니다. 어떤 고민도 보편적인 것이며, 나라나 시대가 달라도 크나큰 차이는 없다고 여겼기 때문입니다. 그것이 철학자와 영화 속 등장인물 사이의 대화 형태가 된 것은 제가 한국어를 배운 것과 관계가 있습니다.

한국어를 배우게 된 계기는 졸저 《미움받을 용기》가 감사하게도 한국에서 좋은 반응을 얻었기 때문입니다. 한국에서 강연할 기회도 주어졌기에 한국어로 소통해 보고 싶다는 것도 한국어를 배우려고 한 이유 중 하나였는데, 무엇보다 그동안 제가 한국에 대해 전혀 모르고 있었다는 사실이 부끄러웠습니다. 공부를 시작하며 초보 문법을 마치고 난 후, 김연수 작가의 산문집 《청춘의 문장들 플러스》를 읽었습니다.

한국의 문화와 사회, 역사, 정치에 관심을 가지게 된 것은 저의 한국어 선생님인 이환미 씨와 매번 그 책을 읽으며 내용에 대해 토론하고 이야기를 나눴기 때문입니다. 선생님이 도쿄예술대학교 대학원에서 영화를 전공하신 분이어서 한국 영화에 관한 것도 자주 화제에 올랐습니다. 저는 여태껏 한국 영화를 거의 본 적이 없었는데, 한국 영화의 등장인물과 철학자가 대화를 나눈다는 설정으로 책을 써 보면 한국인의 고유한 문제들을 다룰 수 있지 않겠느냐는 이야기에서 이 책의 집필이 시작되었습니다.

이렇게 해서 최종적으로는 열아홉 편의 영화를 보았습니다. 어느 영화를 볼 때건 환미 씨는 문화적, 사회적 배경에 대해 알려 주었고, 아내인 게이코와 함께 셋이서 영화의 내용에 대해 토론했습니다. 그 논의를 바탕으로 이 책을 쓸 수 있었습니다. 기획에서 출판에 이르기까지 일 년이 넘게 걸렸지만, 그동안 영화의 등장인물들과 끊임없이 대화를 나눈 기분입니다. 자나 깨나 등장인물들은 제게 말을 걸어왔으며, 그렇게 그들과 나눈 대화를 써낸 분량은 인쇄된 결과물의 몇 배에 이릅니다.

영화를 이미 보신 분이라면 철학자와 영화 속 인물들이 나눈 대화에서 '이 장면은 이런 얘기였구나' 하고 뒤늦게 생각하는 부분도 꽤 있을 것입니다. 때로는 영화와 다른 결말이 예상되는 전개에 놀랄지도 모릅니다. 인생은 제 마음대로 되지 않는 일이 일어나는 법입니다. 그러나 자그마한 용기를 낸다면 삶이 크게 달라질 수 있음을 깨닫게 되기를 바랍니다.

이 책을 완성하기까지 많은 분의 도움을 받았습니다. 초고 단계에서 원고를 꼼꼼히 읽고 조언해 준 아내 게이코, 영화의 대사 리스트를 작성하고 제 원고를 정확하게 한국어로 번역해 준 이환미 씨, 그리고 부키 편집부에게 크나큰 신세를 졌습니다. 덕분에 지금 제가 쓸 수 있는 최선의 책을 펴낼 수 있었습니다. 진심으로 감사드립니다.

2020년 2월

기시미 이치로